P9-DFG-619

À vous de jouer !

STÉPHAN BILODEAU

MARTIN CHARBONNEAU

À vous de jouer !

L'alchimiste fou

STÉPHAN BILODEAU

MARTIN CHARBONNEAU

AdA jeunesse

Copyright © 2008 Stéphan Bilodeau et Martin Charbonneau
Copyright © 2008 Éditions AdA Inc.
Tous droits réservés. Aucune partie de ce livre ne peut être reproduite sous quelque forme
que ce soit sans la permission écrite de l'éditeur, sauf dans le cas d'une critique littéraire.

Éditeur : François Doucet
Révision linguistique : Micheline Forget
Correction d'épreuves : Nancy Coulombe, Isabelle Veillette
Design de la couverture : Matthieu Fortin
Illustration de la couverture : Mylène Villeneuve
Illustrations de l'intérieur : Mylène Villeneuve
Mise en page : Sylvie Valois
ISBN 978-2-89565-815-3
Première impression : 2008
Dépôt légal : 2008
Bibliothèque et Archives nationales du Québec
Bibliothèque Nationale du Canada

Éditions AdA Inc.
1385, boul. Lionel-Boulet
Varennes, Québec, Canada, J3X 1P7
Téléphone : 450-929-0296
Télécopieur : 450-929-0220
www.ada-inc.com
info@ada-inc.com

Diffusion
Canada :   Éditions AdA Inc.
France :   D.G. Diffusion
               Z.I. des Bogues
               31750 Escalquens — France
               Téléphone : 05.61.00.09.99
Suisse :   Transat - 23.42.77.40
Belgique :   D.G. Diffusion - 05.61.00.09.99

Imprimé au Canada

SODEC

Participation de la SODEC.
Nous reconnaissons l'aide financière du gouvernement du Canada par l'entremise du
Programme d'aide au développement de l'industrie de l'édition (PADIÉ) pour nos activités
d'édition.
Gouvernement du Québec - Programme de crédit d'impôt pour l'édition de livres - Gestion
SODEC

**Catalogage avant publication de Bibliothèque et Archives nationales du Québec et
Bibliothèque et Archives Canada**

Bilodeau, Stéphan, 1967-

   À vous de jouer!
   Sommaire: t. 5. L'alchimiste fou.
   Pour les jeunes de 7 à 10 ans.
   ISBN 978-2-89565-815-3 (v. 5)

   1. Livres dont vous êtes le héros. I. Charbonneau, Martin, 1972- . II. Labbé, Dominique.
III. Valois, Sylvie. IV. Titre. V. Titre: L'alchimiste fou.

PS8603.I465A62 2007   jC843'.6   C2007-940961-X
PS9603.I465A62 2007

BIBLIOTHÈQUE
ECOLE ST. VICTOR
ALFRED, ONTARIO

Zorag l'alchimiste, dit l'alchimiste fou, a repris ses activités néfastes. Le Roi vous a chargé de capturer ce criminel qui détient des informations importantes. Pour cela, vous devrez affronter les périls de la Tour de la Lune, au sommet de laquelle Zorag a installé ses laboratoires maléfiques. Serez-vous assez courageux pour affronter les monstres qui gardent chacun des sept étages ?

Transformez-vous en guerrier, en ninja ou en oracle, et allez vite aider le Roi !

À vous de jouer…

Vous pouvez maintenant visiter notre petit monde en vous rendant sur le site Web suivant :

<u>www. LivresAvousDeJouer.com</u>

***

Nous tenons à remercier tous ceux qui ont participé de près ou de loin à cette merveilleuse aventure.

Un merci particulier à M. Christophe Legendre (Balthus) ainsi qu'à ceux qui ont bien voulu se prêter à nos tests ; plus particulièrement à Michel Giroux, Dany Hudon, Dominic Turcotte, Jessyca Bilodeau et Bianca Bilodeau.

Table des matières

Mot de bienvenue

BIENVENUE dans ce monde fantastique dont vous êtes le personnage principal. Vous allez vivre une merveilleuse aventure dont vous, et vous seul, serez le guide.

Pour cette aventure, vous aurez besoin d'un dé à six faces, d'un bon jugement et d'un peu de chance.

En premier lieu, vous devrez créer votre personnage. Dans ce livre, vous pourrez décider d'être soit un guerrier, un ninja ou encore un oracle. Choisissez bien car chacun des personnages a ses propres facultés (le chapitre suivant vous donnera la marche à suivre). Si vous êtes un habitué de la collection *À vous de jouer!*, vous pouvez également utiliser un personnage que vous avez déjà créé dans l'un des livres de cette série.

Le charme de cette série réside justement dans la liberté d'action que vous détenez et dans la possibilité de retrouver votre héros et votre inventaire d'articles d'un livre à l'autre. Bien que cet ouvrage soit conçu pour une personne seule, si vous désirez jouer avec un partenaire, vous n'aurez qu'à doubler le nombre de monstres que vous rencontrerez.

Bon, maintenant que nous avons piqué votre curiosité, il ne nous reste plus qu'à vous souhaiter une bonne aventure…

La sélection du personnage

Avant de commencer cette belle aventure, vous devez sélectionner un personnage. Si vous le désirez, vous pourrez conserver celui que vous avez utilisé dans les autres tomes de la collection *À vous de jouer !*

Vous trouverez à l'annexe A (p. 151) des fiches de personnages que vous pouvez utiliser. Voulez-vous être un guerrier, un ninja ou un oracle ? C'est à vous de choisir…

Sur notre site Web, nous avons inséré de nombreuses classes de personnages que vous pouvez utiliser.

www. LivresAvousDeJouer.com

NOM, ÂGE ET AUTRES RENSEIGNEMENTS

Veuillez indiquer le nom ainsi que l'âge de votre personnage. Libre à vous d'ajouter d'autres renseignements concernant votre héros, par exemple ses origines, sa race et le nom de ses parents. Plus vous personnaliserez votre protagoniste, plus vous vous y attacherez.

ATTAQUE

Cet attribut représente la rapidité de vos attaques. Ce pointage vous permettra, à l'aide de la grille d'attaque (présentée un peu plus loin), de déterminer qui frappera en premier. Il est établi en fonction de la classe de votre héros.

VIE

Cet attribut représente votre vie. Il est déterminé en fonction de la classe de votre personnage. Si vous êtes touché, vous devrez réduire vos points de vie. Attention ! Si ces points baissent jusqu'à zéro, vous mourrez !

CHANCE

Cet attribut représente votre chance. Il vous sera parfois demandé d'effectuer un «jet de chance». Dans ce cas, vous devrez simplement lancer un dé. Si votre résultat est égal ou inférieur à votre total de points de chance, vous aurez réussi votre jet.

HABILETÉ

Cet attribut représente votre habileté à effectuer certaines actions. Il vous sera parfois demandé d'effectuer un «jet d'habileté» afin de vérifier si vous réussirez ou non une action en particulier. Dans ce cas, vous devrez simplement lancer un dé. Si votre résultat est égal ou inférieur à vos points d'habileté, vous aurez réussi votre action.

ÉQUIPEMENTS

Vous avez des équipements de départ en fonction de votre personnage, mais vous pourrez vous en procurer d'autres soit en les trouvant lors de votre quête, soit en les achetant à la ville (voir la section «La boutique»).

ARMES/MAGIES

Vous démarrez l'aventure avec plusieurs armes de base. Vous pourrez en obtenir d'autres soit en les trouvant lors de votre quête, soit en les achetant à la boutique. La force de l'arme est décrite dans la colonne « Dégât/magie ».

Attention ! Vous ne pourrez utiliser que les armes autorisées par la classe de votre personnage. Vous pourrez vous en servir aussi souvent que vous le désirerez, ce qui n'est pas le cas pour la magie. Comme les « sorts » nécessitent un long apprentissage et de nombreux ingrédients pour être réalisés, le magicien ne pourra les utiliser qu'un certain nombre de fois par jour. Voir la colonne « Utilisation » près de la colonne « Dégât/magie ».

Sélectionnez votre fiche et passez à la section suivante.

Quelques règles

BIBLIOTHÈQUE
ECOLE ST. VICTOR
ALFRED, ONTARIO

LA BOUTIQUE

Au cours de l'aventure, vous pouvez aller à la boutique en tout temps pour y acheter divers équipements.

Vous pourrez vous y procurer un objet en payant le montant indiqué. Vous pourrez aussi vendre un objet en échange de la moitié de sa valeur. Attention! Le marchand achète seulement les articles qu'il connaît, donc seulement ceux qui sont déjà dans la boutique.

Les articles de la boutique apparaissent à l'annexe B (p. 155). Il est intéressant de remarquer que la boutique change d'un tome à l'autre. Donc, profitez-en. De plus, vous trouverez sur notre site Web une boutique virtuelle que vous pourrez utiliser en tout temps pour effectuer vos achats.

LES POTIONS

Vous constaterez rapidement que les potions sont très importantes dans ce jeu. Assurez-vous d'en avoir toujours dans votre équipement. Bien qu'il existe plusieurs catégories de potions, dans ce tome, vous retrouverez principalement des potions de vie. Ces dernières vous permettent de regagner certains des points de vie que vous aviez perdus au combat. Rappelez-vous que vous ne pouvez jamais dépasser votre nombre initial de points de vie.

Vous pouvez vous servir des potions à tout moment, même au cours d'un combat, et ce, sans être pénalisé.

LA MORT

Comme nous l'avons mentionné, vous êtes déclaré mort quand vos points de vie sont égaux ou inférieurs à zéro. Dans ce cas, vous devez absolument recomposer un personnage et recommencer le jeu au début. Profitez donc de cette occasion pour ne pas commettre les mêmes erreurs…

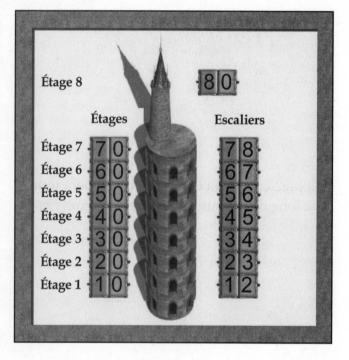

L'utilisation de la carte

Vous trouverez au début de la quête une carte de la Tour de la Lune. Conservez-la précieusement car elle vous guidera tout au long de l'aventure. Vous retrouverez également ce document — version couleur — en format imprimable sur notre site Web :

www. LivresAvousDeJouer.com

LES DÉPLACEMENTS

Les endroits où vous pourrez aller vous seront indiqués à l'intérieur des paragraphes. Les chiffres désignés sur la carte serviront principalement de points de référence afin de vous situer dans la Tour de la Lune.

LES REPOS OU LES NUITS

Cette aventure se déroule en une seule journée. Vous ne trouverez donc pas, comme dans les deux premiers tomes, de lieux où dresser votre camp pour la nuit. Par contre, la tour est un endroit dangereux où errent de nombreux monstres. Il est donc possible que vous soyez attaqué par des créatures maléfiques au cours de votre exploration, ce qui vous sera précisé dans le texte de l'aventure.

LES RETOURS À LA VILLE

Dans la tour, vous devrez trouver les escaliers qui montent d'un étage à l'autre, et ensuite surmonter les périls qui vous attendront à chacun d'eux. À tout moment, vous pourrez redescendre et retourner au village pour visiter la boutique. Lorsque vous reviendrez à la tour, vous pourrez remonter à l'étage où vous étiez.

Il est possible, cependant, que vous tombiez sur l'une des créatures qui se promènent dans la tour. Chaque fois que vous visiterez le village et que vous reviendrez à la tour, il faudra que vous tentiez un «jet de chance».

❖ Si vous réussissez, vous pourrez remonter à l'étage sans difficulté.

❖ Si vous échouez, vous rencontrerez une créature dans les escaliers. Lancez alors un dé selon la règle des *Monstres Aléatoires* et combattez la créature. Si vous y parvenez, vous pourrez remonter à l'étage.

MONSTRES ALÉATOIRES

Parfois il vous sera demandé de «lancer un dé selon la règle des Monstres Aléatoires et de combattre la créature». Vous devrez, dans ce cas :

❖ Lancer un dé (6 côtés).

❖ Ajouter 120 au résultat.

❖ Aller combattre la créature située au paragraphe portant le numéro du résultat que vous avez obtenu.

Exemple : Si vous obtenez 5 sur votre dé, vous devrez combattre le monstre décrit au paragraphe 125 du livre.

Les combats

Lors de votre aventure, vous aurez à combattre des créatures terrifiantes. Pour entamer un combat, vous devez avoir en main un dé ainsi que la grille d'attaque ci-après. Cette grille figure aussi sur toutes les fiches de personnages.

		Différence entre mes points d'attaque et ceux de mon adversaire									
		Désavantage						Avantage			
		5	4	3	2	1	0	1	2	3	4	5
Lancer 1 dé (6 faces)	1	0	0	0	0	0	0	0	0	0+1	0+1	0+1
	2	X	X	0	0	0	0	0	0	0	0	0+1
	3	X	X	X	X	0-1	0	0	0	0	0	0
	4	X	X	X	X	X	X	X-1	0	0	0	0
	5	X+1	X	X	X	X	X	X	X	X	0	0
	6	X+1	X+1	X+1	X	X	X	X	X	X	X	X

LA GRILLE D'ATTAQUE

Si vous choisissez d'affronter l'ennemi, ou si les circonstances ne vous en laissent pas le choix, le combat se déroulera en plusieurs assauts successifs. Lors de chacune des attaques, l'un de vous sera blessé et perdra des points de vie.

Celui qui obtient le plus de points d'attaque détient l'avantage offensif. Ce privilège se mesure en faisant la différence entre vos points d'attaque et ceux de votre adversaire.

❖ Si vous avez une valeur d'attaque supérieure à celle de votre adversaire, vous serez en avantage. Comptez combien de points vous séparent de votre adversaire. **Exemple :** Si votre valeur d'attaque est de 10 et que la valeur de la contre-attaque est de 7, vous aurez un avantage de 3 points (10 - 7). Vous utiliserez la colonne « 3 » de la grille sous le mot « Avantage ».

❖ Si votre adversaire a une valeur d'attaque supérieure à la vôtre, vous serez en désavantage. Comptez combien de points vous séparent de votre adversaire. **Exemple :** Si vous avez une valeur d'attaque de 10 et que la valeur de la contre-attaque est de 12, vous aurez un désavantage de 2 points (12 - 10). Vous utiliserez donc la colonne « 2 » de la grille sous le mot « Désavantage ».

❖ Si votre attaque est égale à la contre-attaque, vous utiliserez la colonne « 0 ».

Quand vous connaîtrez la colonne dans laquelle vous devrez jouer, gardez-la en mémoire. Elle ne changera pas durant le combat.

Pour porter un coup, lancez un dé. Les valeurs du dé (de 1 à 6) apparaissent aux six rangées de la grille d'attaque. Selon le chiffre obtenu, rendez-vous à la rangée correspondante jusqu'à la colonne que vous avez mémorisée. Le résultat de l'assaut sera écrit dans la case :

❖ 0 : Vous avez touché votre adversaire. Soustrayez de ses points de vie les dégâts infligés par votre arme.

❖ 0 + 1 : Vous avez porté un coup très dur. Soustrayez des points de vie de votre adversaire les dégâts infligés par votre arme, plus 1 point.

❖ 0 - 1 : Vous avez porté un coup léger à votre ennemi. Soustrayez de ses points de vie les dégâts infligés par votre arme, moins 1 point.

❖ X : Votre ennemi vous a blessé. Soustrayez de vos points de vie les dégâts infligés par son arme.

❖ X + 1 : Votre ennemi vous a porté un coup très dur ! Soustrayez de vos points de vie les dégâts infligés par son arme, plus 1 point.

❖ X - 1 : Votre ennemi vous a porté un coup léger. Soustrayez de vos points de vie les dégâts infligés par son arme, moins 1 point.

Premier exemple : Vous affrontez un monstre laid. Il a 9 points d'attaque et 11 points de vie. Il est muni de griffes qui causent 3 points de dégâts. Vous avez

12 points d'attaque et 20 points de vie. Vous disposez d'une épée qui cause 5 points de dégâts.

Vous êtes en avantage de 3 points (votre attaque est de 12, et la contre-attaque de 9). Vous utiliserez donc la colonne « Avantage : 3 ». Vous lancez le dé.

❖ Vous obtenez 4 : La rangée « 4 » indique « 0 ». Vous avez touché votre adversaire. Il perd 5 points de vie. Il lui en reste 6. Vous lancez le dé une autre fois.

❖ Vous obtenez 6 : La rangée « 6 » indique « X ». Le monstre vous a touché. Vous perdez 3 points de vie. Il vous en reste 17. Vous lancez le dé une troisième fois.

❖ Vous obtenez 1 : La rangée « 1 » indique « 0 + 1 ». Vous avez porté un coup dur. Le monstre perd 6 (5 + 1) points de vie. Il lui en reste 0. Alors, il est mort. Vous avez gagné !

Deuxième exemple : Vous affrontez un diable rouge. Votre adversaire a 14 points d'attaque et 18 points de vie. Il est muni de griffes qui causent 4 points de dégâts. Vous avez 10 points d'attaque et 16 points de vie. Vous disposez d'une épée qui cause 5 points de dégâts.

Vous êtes en désavantage de 4 points (votre attaque est de 10, et la contre-attaque de 14). Vous utiliserez donc la colonne « Désavantage : 4 ». Vous lancez le dé.

❖ Vous obtenez 3 : La rangée « 3 » indique « X ». Votre ennemi vous a touché. Vous perdez 4 points de vie. Il vous en reste 12. Vous lancez le dé une autre fois.

❖ Vous obtenez 1 : La rangée « 1 » indique « 0 ». Vous avez touché le diable. Il perd 5 points de vie. Il lui en reste 13. Vous lancez le dé une troisième fois.

❖ Vous obtenez 6 : La rangée « 6 » indique « X + 1 ». Vous avez subi un coup dur. Vous perdez 5 (4 + 1) points de vie. Il vous en reste 7. Vous relancez le dé.

❖ Vous obtenez 4 : La rangée «4» indique «X». Votre ennemi vous a touché. Vous perdez 4 points de vie. Il vous en reste 3. Ça tourne mal ! Vous aurez besoin de chance pour gagner ! Vous relancez le dé de nouveau.

❖ Vous obtenez encore 4 : La rangée «4» indique «X». Votre ennemi vous a touché de nouveau. Vous perdez 4 autres points de vie. Malheureusement, le diable a été plus fort que vous. Vous êtes mort…

La quête

Au cours des derniers mois, vous avez accompli de nombreuses missions avec succès. Au palais royal, votre réputation n'est plus à faire. Le Roi vous tient en haute estime et votre maître d'enseignement vous considère comme son meilleur élève. Votre amie Nieille, toujours aussi attentionnée, ne perd pas une occasion de vanter vos louanges. Vous n'êtes donc pas surpris lorsque le Roi vous convoque à nouveau dans la salle du trône, trois semaines après vos dernières aventures palpitantes.

— Je vous remercie d'avoir répondu si vite à mon appel, dit le souverain.

— Je suis honoré d'être à votre service, répondez-vous.

Sans s'éterniser en formules de politesse, le Roi se lève, s'approche d'une table en chêne, et y dépose un gros rouleau de parchemin.

— Reconnaissez-vous ce document?

Vous tressaillez légèrement.

Comment ne pas le reconnaître? C'est vous-même qui l'avez ramené de l'île du Dédale voilà quelques mois.

— C'est la liste des complices du félon Deltamo, affirmez-vous.

— Tout à fait exact, dit le Roi.

Le souverain déroule le parchemin et désigne le troisième nom dans la liste : «*Zorag*». Vous froncez légèrement les sourcils.

— Je connais ce nom.

— Je n'en doute pas. Zorag l'alchimiste est tristement célèbre.

— L'alchimiste fou! vous exclamez-vous.

— Lui-même. Comme chaque enfant le sait, Zorag est responsable d'une épidémie de peste pourpre, de la distillation du zullus, le poison le plus mortel qui soit connu, et de la création de la légendaire Chimère

Noire, aussi puissante qu'un dragon. Depuis plusieurs années, il a disparu.

Vous demeurez perplexe.

— Pourquoi m'avez-vous convoqué pour me parler de lui?

— Parce que nous l'avons retrouvé, tout simplement. Zorag s'est installé dans l'ancienne Tour de la Lune, près du village de Serbel. Nous savons, de source sûre, qu'il a repris ses activités, sans doute sur l'ordre de Deltamo. Or, Zorag n'a jamais œuvré dans un but humanitaire. Nous craignons les conséquences de ses nouvelles recherches.

Le Roi roule et range le parchemin. Il se tourne ensuite vers vous.

— Nous devons mettre Zorag en état d'arrestation. Il doit être capturé et emprisonné. Il sera ensuite interrogé concernant les intentions de Deltamo, et puni pour ses crimes passés.

Vous vous inclinez devant le souverain.

— J'irai à la Tour de la Lune, dites-vous. Je capturerai Zorag et je le ramènerai pieds et poings liés.

— Je n'en attendais pas moins de vous, dit fièrement le Roi.

Le souverain vous tend une carte et désigne la route qui vous mènera au village de Pierre-vive. Votre mission commencera dès que vous serez arrivé. Vous ne pouvez pas attendre que Zorag perfectionne un autre poison ou un autre monstre comme la Chimère Noire.

À partir de maintenant, c'est à vous de jouer !

***

VOTRE QUÊTE PRIMAIRE :

Pénétrer dans la Tour de la Lune et capturer Zorag, dit «l'alchimiste fou», afin de le livrer à la justice.

VOTRE QUÊTE SECONDAIRE :

Déterminer le but des nouvelles recherches de Zorag et vous assurer qu'elles soient détruites ou perdues.

À vous de jouer !

1

Vous avez dû voyager pendant cinq jours pour arriver au village de Serbel. Dès votre arrivée, vous avez confié votre cheval aux écuries du village, puis réservé une chambre à l'auberge de la ville. Le Roi vous avait fait octroyer une bourse de vingt pièces d'or pour les frais du voyage. À présent, il vous en reste dix. Cela vous permettra de visiter la boutique du village afin de vous préparer à la mission qui vous attend.

La Tour de la Lune se dresse sur une colline derrière le village. On y accède par un vieux sentier envahi de ronces. Elle semble déserte, mais les gens du village vous apprennent rapidement que tel n'est pas le cas. Depuis un mois, personne n'ose plus s'aventurer près de la tour, car des monstres rôdent dans les parages et des hurlements se font entendre toute la nuit.

Les villageois sont donc fort heureux d'apprendre le but de votre mission. Si heureux, en fait, que le propriétaire de la boutique vous offre un rabais de cinq pièces d'or sur la somme de vos achats.

Si vous désirez visiter la boutique immédiatement, vous pouvez le faire. Si vous estimez que votre équipement actuel est suffisant, vous pouvez vous mettre en route vers la Tour de la Lune. Rendez-vous au 64.

2

L'immense figure boueuse se penche dans votre direction et tente d'abattre ses poings géants sur vous. La boue est animée par un sortilège puissant qui lui donne une forme humaine. Ce Golem de Boue sera un adversaire coriace. Si vous connaissez le sortilège de Pétrification et désirez l'utiliser, allez au 26. Sinon, vous devez vous battre.

Le combat contre le Golem de Boue

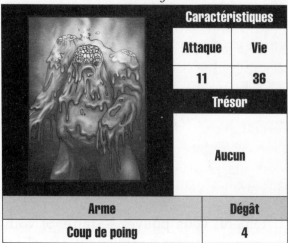

Caractéristiques	
Attaque	**Vie**
11	36
Trésor	
Aucun	

Arme	Dégât
Coup de poing	4

Si vous finissez par remporter ce combat, le Golem perd son aspect humain. La boue s'affaisse dans le bassin et cesse de bouger. Le sortilège est rompu. Vous pourrez désormais repasser par ici sans danger. Si vous désirez maintenant monter au prochain étage, **allez au 45**.

3

Vous aviez vaguement l'impression de reconnaître ce liquide rouge — et vous savez maintenant pourquoi. C'est à partir de ce type d'élixir qu'on produit les meilleures potions de vie. Vous auriez dû vous en souvenir, puisque le druide Haro vous avait justement demandé de ramener l'un des ingrédients de cette potion de l'île du Dédale.

Vous venez de boire une potion de vie forte. Lancez 3 dés et additionnez le résultat à vos points de vie.

Vous pouvez remplir une fiole vide de cette potion rouge et la garder pour la boire plus tard — mais sachez qu'il n'y a que cinq fioles vides au total. Lorsque vous boirez le contenu du flacon, vous pourrez ajouter 3 dés à vos points de vie.

Retournez maintenant au 8 et faites un autre choix.

4

La porte s'ouvre sur une pièce remplie d'armes. Les murs sont recouverts d'une collection complète d'armes magiques de niveaux topaze, rubis et saphir. Tout ceci doit appartenir à Zorag. Si vous désirez voler une arme dans sa collection, vous pouvez évidemment choisir la plus puissante, soit celle qui convient à votre personnage :

- Marteau magique saphir (points de dégâts : 8) ;
- Dague magique saphir (points de dégâts : 7) ;
- Sceptre magique saphir (points de dégâts : 7) ;
- Épée magique saphir (points de dégâts : 8) ;
- Katana magique saphir (points de dégâts : 8) ;
- Douzaine de shirukens magiques saphir (points de dégât : 7 chacun).

Si vous êtes un guerrier, un paladin ou un samouraï, vous pouvez également prendre un bouclier. Il réduira les dégâts de 1 point quand vous serez touché. Ouvrez maintenant une autre porte.

5

Vous ouvrez prudemment la malle. Vous êtes prêt à bondir si un piège se déclenche, mais aucune catastrophe ne vient s'abattre sur votre tête. Vous êtes donc libre d'examiner le contenu du coffre. Il renferme les objets suivants :

- Une potion de vie légère ;
- Une potion de vie moyenne ;
- Une dague ordinaire (points de dégâts : 4) ;
- Un marteau de guerre ordinaire (points de dégâts : 5) ;
- Un rouleau de parchemin.

Vous ne savez pas si ces objets appartenaient vraiment au Minotaure, mais le rouleau de parchemin semble le confirmer. Quelqu'un y a écrit, d'une main grossière, les mots suivants :

« Elle son an orde alfabettic. »

Le fait qu'il y ait une faute dans chaque mot tend à prouver que le Minotaure lui-même a écrit la phrase. Manifestement, il croyait important de se rappeler que les choses inconnues « sont en ordre alphabétique ». Peut-être feriez-vous bien de retenir cette information. En attendant d'en comprendre le sens, **revenez au 105** et faites un autre choix.

6

Heureusement, vous avez eu la prévoyance d'emporter un antidote au poison. Vous avalez rapidement le contenu de votre fiole. Cela vous sauve la vie. Toutefois, le poison que vous avez créé était très puissant, aussi vous a-t-il gravement affaibli. Lancez 2 dés et soustrayez le résultat de vos points de Vie. Si vous survivez, jetez la potion noire et **retournez au 86**. Surtout, essayez de ne plus fabriquer de poisons mortels !

7

Vous avez de la chance. Le sceptre que vous utilisez pour vous battre est particulièrement efficace contre ce monstre, car il s'agit d'une arme contondante qui brise facilement les os rassemblés. Vous bénéficiez de 1 point d'Attaque et de 2 points de dégâts supplémentaires durant ce combat. Vous pouvez également utiliser vos sortilèges selon les règles habituelles.

Si vous pulvérisez assez d'os, la créature s'effondrera et se disloquera en ossements séparés. Vous pourrez alors atteindre l'issue de la pièce sans danger. **Allez au 103.**

Le combat contre les Ossements ensorcelés

Caractéristiques	
Attaque	**Vie**
11	24
Trésor	
Aucun	

Arme	Dégât
Os	4

8

Vous ne savez pas ce que Zorag essaie d'inventer dans ce laboratoire ; en fait, il distille vraiment beaucoup de potions. Il y en a de toutes les couleurs imaginables. La plupart ne sont pas encore prêtes, mais vous trouverez quatre marmites dont le contenu pourrait être consommé immédiatement. Chacune contient une potion différente. La première est rouge et pétille constamment en produisant des bulles roses. La deuxième est jaune et bouge toute seule dans sa marmite, comme si une main invisible l'agitait. La troisième est verte et contient des algues et des morceaux de mousse en suspension. La quatrième est bleue et grésille comme si un courant électrique passait au travers.

Si vous voulez goûter la potion rouge, **allez au 3**.

Si vous voulez goûter la potion jaune, **allez au 76**.

Si vous voulez goûter la potion verte, **allez au 35**.

Si vous voulez goûter la potion bleue, **allez au 68**.

Si vous voulez faire vos propres expériences alchimiques en mélangeant les potions, **allez au 86**. Si vous préférez trouver l'escalier qui monte à l'étage supérieur, **allez au 91**.

9

Vous avez de la chance. Votre entraînement au maniement de l'épée vous donne un avantage important dans cette situation.

Vous êtes capable de prévoir les mouvements des épées fantômes et d'esquiver leurs coups. Pour cette raison, vous bénéficierez de 2 points d'attaque additionnels durant ce combat.

Le combat contre les Épées ensorcelées

Caractéristiques	
Attaque	**Vie**
11	20
Trésor	
Aucun	

Arme	Dégât
Épées	5

Si vous remportez le combat, les épées privées de vie retomberont par terre. Vous pourrez alors atteindre l'issue de la pièce sans danger. **Allez au 103.**

10

Le premier étage de la Tour de la Lune est demeuré à l'abandon. Zorag n'y a jamais fait le ménage. Des caisses et des boîtes poussiéreuses traînent dans tous les coins. Puisque nulle torche ne brille, seule la lumière du jour entrant par la porte derrière vous éclaire la vaste salle. Maintenant que le gardien de la tour n'est plus dangereux, vous pouvez prendre votre temps pour en explorer l'intérieur.

Zorag se cache probablement quelque part aux derniers étages. À partir de maintenant, vous devrez trouver les escaliers qui montent d'un étage à l'autre, ensuite vous pourrez surmonter les périls qui vous attendront à chacun de ceux-ci. À tout moment, vous pourrez redescendre et retourner au village pour visiter la boutique. Lorsque vous reviendrez à la tour, vous pourrez remonter à l'étage où vous étiez.

Il est possible, cependant, que vous tombiez sur l'une des créatures qui se promènent dans la tour. Chaque fois que vous visiterez le village et que vous reviendrez à la tour, vous devrez tenter un « jet de chance ».

Si vous réussissez, vous pourrez remonter à l'étage sans difficulté.

Si vous échouez, vous rencontrerez une créature dans les escaliers. Lancez alors un dé selon la règle des monstres aléatoires et combattez la créature. Ensuite, vous pourrez remonter à l'étage.

Pour le moment, vous êtes au premier niveau. **Allez au 105**.

11

Vous bondissez à pieds joints sur la dalle marquée d'un nuage. Il ne se passe toujours rien. Apparemment, vous avez compris comment éviter le piège. Il faut cependant que vous sautiez sur une dernière dalle avant d'être en sécurité. Sauterez-vous sur une dalle :

❖ marquée d'un soleil ? **Allez au 92**.

❖ marquée d'un nuage ? **Allez au 15**.

❖ marquée d'une lune ? **Allez au 112**.

❖ marquée d'une étoile ? **Allez au 42**.

12

Vous gravissez les degrés qui mènent au deuxième étage de la Tour de la Lune. Lancez alors un «jet de chance».

Si vous réussissez, vous arriverez sans encombre au deuxième étage. **Allez au 20**.

Si vous échouez, vous rencontrerez une créature dans les escaliers. Lancez un dé selon la règle des monstres aléatoires et combattez la créature. **Allez ensuite au 20**.

13

Vous ouvrez la porte et découvrez… une noirceur totale. La pièce au-delà de la porte n'est pas éclairée. Elle n'a pas de fenêtres, et même la lumière de la grande salle ronde ne parvient pas à y pénétrer. Quelqu'un a dû jeter un sortilège de Noirceur dans cette chambre. Si vous possédez une torche — avec briquet d'amadou — ou une lanterne, ou si vous connaissez le sortilège de Lumière, vous pouvez entrer dans la pièce noire en **allant au 110**. Si vous n'avez aucun moyen de vous éclairer, vous feriez mieux d'ouvrir une autre porte.

14

Vous êtes en mauvaise posture. L'arme que vous utilisez pour vous battre n'est pas efficace contre les épées fantômes. Celles-ci sont trop rapides pour vous permettre de les esquiver avec votre dextérité habituelle. Pour cette raison, vous serez pénalisé de 1 point d'Attaque durant ce combat.

Le combat contre les Épées ensorcelées

Caractéristiques	
Attaque	**Vie**
11	20
Trésor	
Aucun	

Arme	Dégât
Épées	5

Si vous remportez le combat, les épées privées de vie retomberont par terre. Vous pourrez alors atteindre l'issue de la pièce sans danger. **Allez au 103.**

15

Dès que vous mettez le pied sur la dalle, elle s'enfonce sous votre poids. Au même moment, la statue au fond du corridor s'anime. Elle se met à courir lourdement vers vous, ses poings de pierre prêts à vous réduire en bouillie. Vous avez marché sur le mauvais symbole !

Le combat contre la Statue

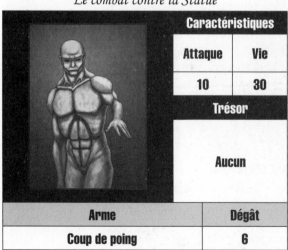

Caractéristiques	
Attaque	**Vie**
10	30
Trésor	
Aucun	

Arme	Dégât
Coup de poing	6

Si vous gagnez ce combat, la statue tombe en morceaux qui se répandent partout sur les dalles. Sans vous soucier des symboles, vous courez à travers la zone dallée en marchant sur les morceaux de la statue. Vous avez survécu au piège qui vous guettait à cet étage. Vous pouvez maintenant emprunter l'escalier. **Allez au 23**.

16

Tout à coup, la porte de la tour s'ouvre à la volée. Avec surprise, vous voyez apparaître la puissante silhouette d'un Minotaure dans l'encadrement ! Vous avez dérangé le gardien de la Tour de la Lune. Furieux de constater que vous avez essayé d'entrer sans sa permission, le Minotaure empoigne une hache à deux tranchants et avance pour vous écraser.

Si vous remportez la victoire, vous trouver 6 pièces d'or dans une petite bourse à sa ceinture. La hache est trop lourde pour vous. Heureusement, vous n'avez pas combattu pour rien : la porte de la Tour de la Lune est désormais ouverte. **Allez au 10** pour entrer.

Le combat contre le Minotaure

Caractéristiques	
Attaque	**Vie**
12	15
Trésor	
6 pièces d'or	

Arme	Dégât
Hache à deux tranchants	5

17

Vous observez quelques instants le symbole sur la porte. Les tibias croisés représentent normalement le poison ou le danger. Vous demeurez donc très prudent en tournant la poignée.

De l'autre côté de la porte, vous découvrez une salle bizarre. Elle paraît normale à première vue ; elle est même meublée comme un salon tout à fait ordinaire. Mais le tapis est jonché d'ossements !

Suite à une estimation rapide, vous comptez l'équivalent de cinq squelettes en pièces détachées. Les seules parties manquantes sont les crânes.

Si vous voulez entrer dans cette salle, **allez au 21**. Si vous aimez mieux ouvrir l'autre porte, **allez au 89**.

18

Vous ajoutez la nouvelle potion à la mixture. Vous avez maintenant une combinaison des potions jaune, bleue et rouge. Sous vos yeux, le mélange se met à bouillonner furieusement. Des flammes et des éclairs jaillissent du récipient. Tout à coup, la potion explose avec une violence qui secoue tout le laboratoire ! S'il vous reste 12 points de vie ou plus, **allez au 36**. Dans le cas contraire, **allez au 69**.

19

La porte résiste, mais vous finissez par l'ouvrir de force. De la poussière tombe sur votre tête. Vous entrez ensuite dans une salle plus petite, encombrée de toiles d'araignées. Au fond de cette pièce, un coffre est posé contre le mur.

Cette malle n'est pas aussi vieille et sale que les autres débris trouvés jusqu'à présent dans la tour. Par conséquent, elle a dû appartenir au Minotaure. Vous songez à l'ouvrir pour découvrir son contenu, mais il est possible que le Minotaure ait placé un piège pour empêcher un intrus de voler ses trésors.

Si vous voulez ouvrir le coffre, **allez au 5**. Si vous aimez mieux ne pas courir le risque, **revenez au 105** et faites un autre choix.

20

Vous voici au deuxième étage de la Tour de la Lune. Devant vous s'étend un large corridor aux murs de pierre, éclairé par des torches disposées à intervalles réguliers. La lumière du jour entre également par les meurtrières ouvertes dans les parois extérieures de la tour.

Au fond du corridor, vous apercevez l'escalier qui mène au troisième étage. Toutefois, pour y arriver, vous devez traverser une région du sol où les dalles sont toutes marquées de symboles ésotériques. Par ailleurs, de l'autre côté de la zone dallée, une statue se tient debout sur son piédestal. Vous avez l'impression que ses yeux vous observent.

Vous étudiez attentivement les dalles. Elles sont nombreuses, mais il n'y a que quatre symboles différents : un soleil, un nuage, une lune et une étoile. Pour franchir cette région, vous devrez marcher sur une dalle portant l'un des quatre symboles.

Si vous êtes druide et maîtrisez le sort de Transformation en Panthère (ou en Tigre), vous pouvez utiliser votre forme animale pour sauter d'un seul élan par-dessus toute la région dallée. Si vous désirez le faire, **allez au 51**.

Sinon, allez-vous marcher sur une dalle :

❖ marquée d'un soleil ? **Allez au 15**.

❖ marquée d'un nuage ? **Allez au 112**.

❖ marquée d'une lune ? **Allez au 42**.

❖ marquée d'une étoile ? **Allez au 75**.

21

Vous avancez dans la pièce en essayant de ne pas trébucher sur les ossements. Décidément, Zorag a une drôle de notion de la décoration intérieure. Heureusement, aucune créature dangereuse n'habite cette chambre.

Il n'y a qu'une issue à la pièce. Elle se situe en face de vous, dans le mur du fond. Vous vous dépêchez de l'atteindre.

Tout à coup, les ossements se mettent à bouger.

Sans vous laisser le temps de réagir, ils se mettent à tourbillonner dans les airs. Sous vos yeux, ils s'assemblent pour former une créature squelettique géante qui vous attaque !

Si vous êtes druide, magicienne, oracle ou sorcier, **allez au 7**.

Si vous êtes guerrier, **allez au 115**.

Dans tous les autres cas, **allez au 33**.

22

Pour vous faciliter la tâche, vous numérotez mentalement les portes de 1 à 12. De cette façon, vous pourrez éviter d'ouvrir la même plusieurs fois :

N° 1 :	**Allez au 74.**
N° 2 :	**Allez au 111.**
N° 3 :	**Allez au 37.**
N° 4 :	**Allez au 58.**
N° 5 :	**Allez au 47.**
N° 6 :	**Allez au 84.**
N° 7 :	**Allez au 52.**
N° 8 :	**Allez au 13.**
N° 9 :	**Allez au 25.**
N° 10 :	**Allez au 114.**
N° 11 :	**Allez au 94.**
N° 12 :	**Allez au 4.**

Mémorisez le numéro de ce paragraphe (22). Vous aurez à y revenir chaque fois qu'on vous demandera d'ouvrir une autre porte.

23

Vous gravissez les degrés qui mènent au troisième étage de la Tour de la Lune. Lancez un «jet de chance».

Si vous réussissez, vous arrivez sans encombre au troisième étage. **Allez au 30.**

Si vous échouez, vous rencontrez une créature dans les escaliers. Lancez un dé selon la règle des monstres aléatoires et combattez la créature. **Allez ensuite au 30**.

24

Vous prononcez le sortilège devant la porte en chêne. Vous entendez le bruit de la serrure qui se déverrouille, exactement comme si une main invisible venait d'y introduire une clé. Puis le battant s'entrebâille. L'accès à la Tour de la Lune vous est désormais permis. **Allez au 54**.

25

Au-delà de cette porte s'étend une petite pièce carrée, dépourvue de meubles. Un escalier se dessine au fond de la salle. Vous poussez une exclamation de joie. C'est l'escalier qui mène au quatrième étage de la Tour de la Lune! À présent, votre quête peut continuer.

Si vous ne savez toujours pas quelle porte cache l'escalier qui redescend au deuxième étage, vous pouvez en ouvrir une autre dans l'espoir de le découvrir. Tant que vous n'aurez pas trouvé cet escalier, vous ne pourrez pas sortir de la Tour de la Lune pour retourner à la boutique du village.

Si vous êtes prêt à monter au prochain étage, **allez au 34**.

26

Vous lancez le sort de Pétrification sur le Golem de Boue. L'effet est instantané. La boue se solidifie et devient de la terre sèche. La forme gigantesque du Golem se fige, puis commence à tomber en morceaux. Les fragments retombent dans le bassin, où ils se mélangent à la boue restante. La magie qui animait le Golem est rompue. Vous pourrez désormais repasser dans cette salle sans danger. Si vous désirez maintenant monter au prochain étage, **allez au 45**.

27

Vous ajoutez la nouvelle potion à la mixture. Vous avez maintenant une combinaison des potions verte, bleue et rouge. Sous vos yeux, le mélange change de couleur — change encore de couleur — et continue toujours de modifier sa teinte. La potion semble incapable de prendre une décision définitive! Par ailleurs, elle pétille constamment et dégage de petites flammèches. Vous ignorez complètement les propriétés magiques de cette mixture inconnue. Si vous voulez y goûter, **allez au 113**.

Si vous voulez ajouter la potion jaune, **allez au 43**.

Si vous voulez jeter ceci et recommencer, **allez au 86**.

28

La potion que vous avez inventée a le pouvoir de rétablir les forces magiques. Vous récupérerez immédiatement tous vos sortilèges et vos pouvoirs. Vous pouvez donc les utiliser à nouveau, comme si vous ne les aviez jamais employés dans cette aventure.

Si vous le désirez, vous pouvez remplir une fiole vide de cette potion multicolore et la garder pour la boire plus tard — mais sachez qu'il n'y a que cinq fioles vides au total. Lorsque vous boirez le contenu de l'une d'elles, vous récupérerez la totalité de vos sortilèges sans avoir à dormir une nuit entière.

Félicitations ! Vous avez réussi à créer une potion très rare !

Retournez maintenant au 86 et faites un autre choix.

29

Vous savez que vous devez capturer Zorag, et non le tuer, mais l'alchimiste en colère ne vous donne pas le choix. Il vous attaque et vous devez vous défendre.

Le combat contre Zorag

Caractéristiques	
Attaque	**Vie**
13	21
Trésor	
Aucun	

Arme	Dégât
Sceptre	3

Si vous gagnez, lancez un «jet d'habileté». Si vous réussissez, **allez au 71**. Si vous échouez, **allez au 120**.

30

Au troisième étage, vous découvrez une petite pièce carrée, totalement vide. Une porte unique se découpe devant vous. Vous l'ouvrez et pénétrez dans une grande salle circulaire. À ce moment, vous remarquez que vous êtes entouré de douze portes identiques !

Tout à coup, le plancher se met à tourner.

Vous essayez de fixer les portes dans votre esprit, afin de mémoriser celle par laquelle vous êtes entré, mais vous avez commis l'erreur de la refermer derrière vous. Lorsque le plancher cesse de tourner, vous êtes face à douze portes que même l'architecte de la Tour de la Lune ne pourrait pas différencier. Pour continuer votre quête, vous devrez ouvrir les portes jusqu'à ce que vous trouviez un escalier.

Notez bien : Vous ne pourrez pas ressortir de la Tour de la Lune et retourner à la boutique du village tant que vous n'aurez pas trouvé la porte par laquelle vous êtes entré !

Lancez un dé. Si vous obtenez :

❖ 1 ou 2 : **Allez au 66**.

❖ 3 ou 4 : **Allez au 22**.

❖ 5 ou 6 : **Allez au 44**.

31

Lorsque vous combinez une dose de potion jaune et une autre de verte dans le même récipient, vous produisez une mixture qui devient brune et épaisse. Elle se met ensuite à produire de grosses bulles qui enflent lentement et crèvent avec des bruits de succion. Vous avez l'impression de voir de la boue en ébullition. Si vous voulez goûter à cette substance brune, **allez au 117**.

Si vous voulez ajouter un peu de potion rouge, **allez au 53**.

Si vous voulez ajouter un peu de potion bleue, **allez au 95**.

Si vous voulez jeter ceci et recommencer, **retournez au 86**.

32

Vous vous approchez du miroir au fond de la pièce. Votre reflet vous regarde avec indifférence. Vous étudiez le cadre du miroir à la recherche d'un passage secret. Votre reflet ne copie pas vos gestes — il demeure debout au centre du miroir. Il vous regarde maintenant d'un mauvais œil.

Tout à coup, sa main surgit du miroir et vous agrippe !

Vous reculez avec un cri de frayeur. Votre image émerge du miroir, munie de la même arme que vous, dotée du même équipement. Vous avez contemplé un miroir magique. À présent, votre double maléfique essaie de vous tuer !

S'il réussit, c'est lui qui existera désormais à votre place. Mais lui se mettra au service de Zorag, et votre bonne réputation fera place à celle d'un criminel et d'un meurtrier. Par ailleurs, vous serez mort. C'est pourquoi vous devez gagner.

L'entité du miroir possède les mêmes points d'attaque que vous. Elle a la même arme et inflige les mêmes dégâts. Elle a aussi les mêmes points de vie. Toutefois, elle est incapable de lancer des sorts ou d'avaler des potions.

Le combat contre l'Entité du miroir

Caractéristiques	
Attaque	**Vie**
La vôtre	La vôtre
Trésor	
Aucun	
Arme	**Dégât**
La vôtre	La vôtre

Si vous triomphez, la créature éclate en centaines de morceaux de verre. En même temps, le miroir explose. **Allez au 104.**

33

Ce combat sera difficile. L'arme tranchante que vous utilisez pour vous battre n'est pas très efficace contre ce monstre, car les os sont très solides. Il vous faudrait une arme capable de les briser au lieu de les trancher. Pour cette raison, vous subissez une pénalité de 1 point d'attaque et de 2 points de dégâts durant ce combat. Vous ne pouvez pas vous enfuir.

Le combat contre les Ossements ensorcelés

Caractéristiques	
Attaque	**Vie**
11	24
Trésor	
Aucun	

Arme	Dégât
Os	4

Si vous frappez la créature assez souvent, elle s'effondrera et se disloquera en ossements séparés. Vous pourrez alors atteindre l'issue de la pièce sans danger. **Allez au 103.**

34

Vous gravissez les degrés qui mènent au quatrième étage de la Tour de la Lune. Lancez un «jet de chance».

Si vous réussissez, vous arrivez sans encombre au quatrième étage. **Allez au 40**.

Si vous échouez, vous rencontrez une créature dans les escaliers. Lancez un dé selon la règle des monstres aléatoires et combattez la créature. **Allez ensuite au 40**.

35

Vous ne connaissez pas cette sorte de potion. Vous décidez donc d'en boire une petite gorgée seulement. Avec un certain dégoût, vous avalez les algues et les moisissures qui flottent dans le liquide vert.

Presque aussitôt, vous êtes pris de nausées.

Vous venez de boire un puissant vomitif. En moins d'une minute, tout ce que vous avez mangé depuis ce matin se retrouve sur le plancher. Vous vous sentez aussi malade que si vous aviez mangé du poison à rats.

Lancez un dé et soustrayez le chiffre obtenu de vos points de vie. **Retournez ensuite au 8** et faites un choix mieux inspiré.

36

Lorsque vous rouvrez les yeux, vous êtes étendu par terre au milieu de morceaux de verre et de flaques multicolores. Sur la table où vous faisiez vos expériences, les marmites et les récipients pleins de potions ont été pulvérisés.

Vous avez fait une expérience qui était initialement réservée aux alchimistes professionnels. En guise de récompense, vous avez subi plusieurs brûlures. Lancez 2 dés et soustrayez le résultat de vos points de vie.

À présent, vous avez appris votre leçon. Vous ne toucherez plus aux potions. D'ailleurs, vous les avez toutes détruites.

Ironiquement, vous avez réussi votre quête secondaire !

Il ne vous reste plus qu'à accomplir votre quête primaire en capturant Zorag. Pour cela, vous devez trouver l'escalier qui monte au dernier étage. **Allez au 91**.

37

Lorsque vous ouvrez cette porte, vous découvrez une petite salle carrée où s'amorce un escalier qui redescend au deuxième étage. C'est par ici que vous êtes entré dans la salle aux douze portes !

Vous voilà soulagé. Maintenant que vous savez où se trouve la sortie, vous pourrez retourner à la boutique du village lorsque vous aurez besoin d'équipements. Bien entendu, vous n'êtes pas obligé de le faire immédiatement.

Si vous avez déjà trouvé l'escalier qui se rend au quatrième étage, vous pouvez l'emprunter **en allant au 34**. Si vous ne savez pas encore où il se cache, ouvrez une autre porte.

38

Vous goûtez prudemment au philtre doré que vous venez de créer. La potion est chaude et brûle votre langue, aussi l'avalez-vous rapidement.

Tout d'abord, rien ne se produit.

Puis vous éprouvez une drôle de sensation.

Vos yeux sont devenus ceux d'un chat, jaunes et fendus verticalement par des pupilles noires. Par ailleurs, une queue de chat a poussé dans le bas de votre dos. Cette transformation inattendue a quand même un effet positif — vous serez désormais capable de voir dans le noir sans utiliser une lanterne ou une torche.

L'effet de cette potion disparaîtra dans cinq jours.

Vous pouvez remplir une fiole vide de cette potion dorée et la garder pour la boire plus tard — mais sachez qu'il n'y a que cinq fioles vides au total. Lorsque vous boirez le contenu de la fiole, vous retrouverez vos yeux de chat — ainsi que la queue — et vous pourrez voir dans le noir sans utiliser une lanterne ou une torche.

Vous pourrez aussi la faire boire à quelqu'un juste pour rire.

Retournez maintenant au 86 et faites un autre choix.

39

Vous prenez une large cuillerée de ragoût et vous y goûtez bravement. La saveur n'est pas tout à fait désagréable, mais la viande n'est plus très fraîche. En fait, elle est avariée… et vous êtes bientôt pris de crampes et de nausées. Vous n'auriez pas dû manger cette nourriture inconnue. Qui sait ce que le Minotaure a jeté dans cette marmite ! Lancez 1 dé et soustrayez le résultat de vos points de vie. **Retournez ensuite au 105** et faites un autre choix.

40

Le quatrième étage de la Tour de la Lune ne comprend pas de portes. Tout l'étage n'est qu'une gigantesque salle ronde, pavée de dalles en marbre. Un bassin de pierre, rond lui aussi, occupe le centre de la pièce. Chose étrange, il n'est pas rempli d'eau, mais de boue épaisse. Les lieux sont éclairés uniquement par une demi-douzaine de fenêtres étroites sur le pourtour de la salle.

L'escalier menant au cinquième étage est juste en face de vous, de l'autre côté du bassin rempli de boue.

Vous décidez de garder votre arme à la main. Vous n'apercevez aucune créature vivante sur l'étage, mais vous êtes certain qu'un piège doit guetter les intrus.

Tout à coup, la boue dans le bassin se met à bouillonner !

Vous demeurez stupéfait lorsque cette gadoue elle-même se dresse hors du bassin. Elle s'agglutine et prend la forme d'un torse humain géant, pourvu d'une tête difforme et de deux bras puissants. Il s'agit d'un Golem de Boue !

Si vous décidez de vous battre, **allez au 2**. Si vous essayez de courir autour du bassin pour atteindre l'escalier, **allez au 98**.

41

Vous ouvrez tous les tiroirs du bureau et fouillez dans les documents qui traînent sur la surface de travail. Cela vous permet de trouver plusieurs objets intéressants. Vous pouvez les garder si vous ne les avez pas déjà trouvés.

- 8 pièces d'or ;
- Une potion de vie légère (+ 1 dé de vie) ;
- Une clé de bronze ;
- Un petit diamant qui doit valoir 10 pièces d'or ;
- Une dague magique saphir (points de dégâts : 7) ;
- Une potion magique d'attaque.

La potion d'attaque vous fera bénéficier de 1 point d'attaque supplémentaire pour toute la durée d'un combat. Maintenant, vous pouvez examiner les bibliothèques **en allant au 83**, ou le miroir **en allant au 32**.

42

Dès que vous mettez le pied sur la dalle, elle s'enfonce sous votre poids. Au même moment, la statue au fond du corridor s'anime. Elle se met à courir lourdement vers vous, ses poings de pierre prêts à vous réduire en bouillie. Vous avez marché sur le mauvais symbole !

Si vous gagnez ce combat, la statue tombe en morceaux qui se répandent partout sur les dalles. Sans vous soucier des symboles, vous courez à travers la zone dallée en marchant sur les morceaux de la statue. Vous avez survécu au piège qui vous guettait à cet étage. Vous pouvez maintenant emprunter l'escalier. **Allez au 23**.

Le combat contre la Statue

Caractéristiques	
Attaque	Vie
10	30
Trésor	
Aucun	

Arme	Dégât
Coup de poing	6

43

Que se produira-t-il si vous mélangez les quatre potions ? Vous décidez de l'apprendre. Vous mesurez une quantité précise de la dernière potion et vous l'ajoutez à la mixture que vous préparez. Aussitôt, un nuage de vapeur chaude monte du récipient. Le liquide bout, rote, saute, tourne et crache — et devient aussi transparent que l'eau.

Vous y plongez prudemment un doigt.

— C'est de l'eau.

Vous vous mettez à rire. Apparemment, le mélange de toutes les potions donne un liquide qui n'a pas de pouvoirs magiques. Avec un haussement d'épaules, vous buvez l'eau. Elle vous rafraîchit et vous gagnez 1 point de vie.

Retournez maintenant au 86.

44

Pour vous faciliter la tâche, vous numérotez mentalement les portes de 1 à 12. De cette façon, vous pourrez éviter d'ouvrir la même plusieurs fois.

N° 1 :	**Allez au 37.**
N° 2 :	**Allez au 58.**
N° 3 :	**Allez au 47.**
N° 4 :	**Allez au 84.**
N° 5 :	**Allez au 52.**
N° 6 :	**Allez au 13.**
N° 7 :	**Allez au 25.**
N° 8 :	**Allez au 114.**
N° 9 :	**Allez au 94.**
N° 10 :	**Allez au 4.**
N° 11 :	**Allez au 74.**
N° 12 :	**Allez au 111.**

Mémorisez le numéro de ce paragraphe (44). Vous aurez à y revenir chaque fois qu'on vous demandera d'ouvrir une autre porte.

45

Vous gravissez les degrés qui mènent au cinquième étage de la Tour de la Lune. Lancez un «jet de chance».

Si vous réussissez, vous arrivez sans encombre au cinquième étage. **Allez au 50**.

Si vous échouez, vous rencontrez une créature dans les escaliers. Lancez un dé selon la règle des monstres aléatoires et combattez la créature. **Allez ensuite au 50**.

46

Le coffret est fermé à clé. Étant donné qu'il a trois serrures, il vous faudra trois clés pour l'ouvrir.

Si vous avez trouvé, dans la Tour de la Lune, une clé d'or, une clé d'argent et une clé de bronze, vous pouvez ouvrir le coffret en en plaçant une dans chaque serrure.

Si vous connaissez le sortilège d'Ouverture des Portes, vous pouvez l'utiliser, mais vous devez le prononcer trois fois, soit une fois pour chaque serrure.

Si vous êtes voleur et possédez des outils à crocheter les serrures, vous devez réussir un « jet d'habileté » pour pouvoir crocheter les trois serrures à la suite.

Si vous pouvez ouvrir le coffret, **allez au 107**. Si vous n'y arrivez pas, **retournez au 83** et faites un autre choix.

47

Lorsque vous ouvrez la porte, vous découvrez une pièce crasseuse et malodorante. Le sol est couvert de restes de nourriture pourrie. Une petite créature est debout sur un vieux lit au fond de la salle. C'est un petit diablotin, un monstre infernal qui ressemble à un bébé tout ratatiné. Le diablotin n'est pas assez fort pour menacer un aventurier tel que vous au combat. Au lieu de cela, il vous jette une malédiction et disparaît en ricanant méchamment. Par la faute du diablotin, vous échouerez automatiquement votre prochain « jet de chance». Ouvrez maintenant une autre porte.

48

La potion que vous avez inventée a le pouvoir de donner des forces magiques. Même si, normalement, vous ne pouvez pas apprendre de sortilèges, vous aurez ce pouvoir jusqu'à la fin de cette aventure. Ainsi, si vous trouvez un parchemin marqué d'un sortilège, vous pourrez apprendre (et utiliser) ce sortilège comme les magiciens, les oracles et les druides.

Vos pouvoirs magiques disparaîtront dans quelques jours. Ensuite, ils ne reviendront plus, même si vous buvez à nouveau la potion.

Félicitations! Vous avez réussi à créer une potion très rare!

Retournez maintenant au 86 et faites un autre choix.

49

Vous avalez la moitié du liquide aux spirales roses et orangées. Vous espérez que cet élixir soit propice à la consommation.

Rapidement, une nouvelle force envahit vos muscles. Sans le vouloir, vous avez créé une potion d'attaque identique à celles qui se vendent dans les boutiques. Lors du prochain combat livré, vous bénéficierez d'un bonus de 1 point d'attaque.

Pas mal pour un alchimiste débutant!

Vous pouvez remplir une fiole vide de cette potion bicolore et la garder pour la boire plus tard — mais sachez qu'il n'y a que cinq fioles vides au total. Lorsque vous boirez le contenu de la fiole, vous deviendrez plus puissant et vous gagnerez 1 point d'attaque, le temps de livrer un seul combat.

Retournez maintenant au 86 et faites un autre choix.

50

Vous êtes maintenant au cinquième étage de la tour. Normalement, il ne reste plus beaucoup d'endroits où Zorag peut se cacher. Si l'alchimiste sait que vous êtes entré dans son repaire, il doit commencer à avoir peur. C'est un encouragement à persévérer dans votre quête.

Vous êtes entré dans une pièce rectangulaire meublée de vieilles chaises et d'une table bancale. Personne n'a vécu ici depuis longtemps. En face de vous, deux portes fermées se découpent dans le mur.

Sur la porte de gauche, deux épées croisées ont été gravées. Sur la porte de droite, une gravure similaire représente deux tibias croisés.

Si vous voulez ouvrir la porte aux épées, **allez au 89**.

Si vous voulez ouvrir la porte aux tibias, **allez au 17**.

51

Vous jetez le sort de Transformation en Panthère et prenez l'apparence d'un magnifique léopard noir. Sous cette forme, vous êtes capable de prendre un grand élan et de bondir par-dessus toutes les dalles marquées de symboles étranges. Vous atterrissez de l'autre côté, devant la statue, et reprenez votre forme humaine. S'il y avait un piège caché sous ces dalles mystérieuses, vous l'avez évité. Pendant quelques moments, vous examinez la statue, mais elle est tout à fait ordinaire. Vous décidez donc de monter les escaliers. **Allez au 23**.

52

Vous ouvrez prudemment la porte et découvrez une petite salle entièrement vide. Le sol de la pièce est recouvert de poussière. Vous vous apprêtez à refermer cette porte lorsque vous distinguez quelque chose qui brille par terre. Si vous voulez entrer dans la pièce et trouver l'origine du reflet, **allez au 93**. Si vous aimez mieux ne pas y prêter attention, ouvrez une autre porte.

53

Vous ajoutez la nouvelle potion à la mixture. Vous avez maintenant une combinaison des potions rouge, jaune et verte. Sous vos yeux, le mélange se met à cracher des bulles et des gouttelettes, puis prend une couleur blanche identique à celle du lait. Il continue ensuite à bouillonner furieusement, comme s'il était en colère. Vous ne savez pas quelles sont les propriétés de ce mélange inconnu. Si vous voulez y goûter, **allez au 116.**

Si vous voulez ajouter la potion bleue, **allez au 43**.

Si vous voulez jeter ceci et recommencer, **allez au 86**.

54

Vous entrez prudemment dans une grande salle sombre. Tout d'abord, vous croyez être seul dans la pièce, mais de lourdes respirations parviennent bientôt à vos oreilles. Vous laissez vos yeux s'habituer à la pénombre, jusqu'à ce que vous puissiez discerner un puissant Minotaure affalé sur une grosse chaise en bois. Une hache à deux lames est posée près de lui.

Manifestement, il s'agit du gardien de la Tour de la Lune.

Pour le moment, votre intrusion n'a pas été remarquée, sans doute parce que le Minotaure est endormi. Toutefois, il risque de se réveiller si vous commencez à vous promener dans la pièce. Vous devez vous en débarrasser. Pour cela, vous ne voyez qu'une méthode : l'assommer pendant qu'il dort et l'enfermer dans une remise.

Si vous êtes ninja, vous réussirez automatiquement à vous en approcher sans bruit. Autrement, lancez un « jet d'habileté ».

Si vous réussissez, vous vous approchez du Minotaure sans le réveiller. **Allez au 97**.

Si vous échouez, le bruit de vos pas tire le Minotaure de son sommeil. Votre présence le met en colère. **Allez au 108**.

55

Vous ouvrez le coffre avec prudence. Il est toujours bon de se méfier des pièges. Heureusement, il ne contient rien de dangereux. Il renferme un sac de velours fermé par une corde dorée.

Vous ouvrez le sac et versez son contenu sur la table. Plusieurs joyaux de belle qualité roulent sur la surface de bois. Félicitations ! Vous venez de découvrir un trésor d'une grande valeur ! Vous pouvez inscrire ces joyaux sur la liste de vos possessions. Vous pourrez les vendre à la boutique du village, où ils vaudront 50 pièces d'or.

Ouvrez maintenant une autre porte.

56

Vous gravissez les degrés qui mènent au sixième étage de la Tour de la Lune. Lancez un «jet de chance».

Si vous réussissez, vous arrivez sans encombre au sixième étage. **Allez au 60**.

Si vous échouez, vous rencontrez une créature dans les escaliers. Lancez un dé selon la règle des monstres aléatoires et combattez la créature. **Allez ensuite au 60**.

57

Le parchemin contient un puissant sortilège de Ligature. Ce sort provoque l'apparition de dizaines de liens lumineux qui emprisonnent complètement la cible visée. Même un magicien aura d'immenses difficultés à se libérer de l'emprise de ce sortilège. Cette magie demande beaucoup d'énergie pour être efficace, aussi devrez-vous sacrifier 3 points de vie pour lancer le sortilège. Par ailleurs, vous serez limité à une utilisation aux cinq jours. Inscrivez ce nouveau pouvoir dans la liste de vos envoûtements et **retournez au 83** pour faire un autre choix.

58

En ouvrant la porte, vous découvrez une pièce mal meublée qui paraît déserte au premier coup d'œil. Lancez un «jet de chance».

Si vous réussissez, la pièce sera réellement déserte.

Si vous échouez, la pièce contient une créature cachée qui vous attend en embuscade. Lancez un dé selon la règle des monstres aléatoires et combattez la créature.

Si vous êtes encore en vie, vous fouillez les tiroirs des vieux meubles. Cela vous permet de découvrir une belle émeraude sur laquelle Zorag a placé un sortilège. Curieusement, le sortilège ne vous fait aucun effet. Si vous voulez garder l'émeraude magique, ajoutez-la à votre équipement. Ouvrez ensuite une autre porte.

59

Vous versez dans le même flacon une cuillerée de potion bleue et une autre de potion jaune. Le mélange des deux philtres passe d'abord au vert, ce qui est tout à fait normal, mais, ensuite, une transformation s'opère. La potion devient subitement rose, parcourue de spirales orangées. Ou, inversement, orangée avec des torsades roses. Drôle de liquide! Si vous voulez boire cette potion bicolore, **allez au 49**.

Si vous voulez ajouter un peu de potion rouge, **allez au 18**.

Si vous voulez ajouter un peu de potion verte, **allez au 95**.

Si vous voulez jeter ceci et recommencer, **retournez au 86**.

60

Lorsque vous arrivez en haut de l'escalier, vous demeurez longtemps immobile devant la scène qui s'offre à vous. Le sixième étage de la Tour de la Lune est entièrement occupé par le laboratoire alchimique de Zorag!

D'innombrables tables et établis supportent une collection extraordinaire de marmites, fioles, béchers, tubes et flacons, tous remplis de liquides bouillonnants et de potions colorées. Des grimoires aux pages tachées d'humidité reposent un peu partout, ouverts à différentes pages pleines de runes indéchiffrables. Des vapeurs magiques chatouillent vos narines et vous font éternuer. L'odeur de tous ces philtres combinés est indescriptible.

Vous fouillez les lieux du regard, mais Zorag est absent. Il doit effectuer d'autres recherches à l'étage supérieur.

Si vous voulez trouver immédiatement l'escalier qui mène au dernier étage et accomplir votre mission, **allez au 91**.

Si vous préférez commencer par examiner toutes les potions et les élixirs qui mijotent dans le laboratoire, **allez au 8**.

61

Même si vous vous sentez un peu ridicule, vous avancez vers la porte et donnez trois coups au milieu du battant. Si Zorag vous fait l'honneur de répondre, il sera facile de le capturer immédiatement! Pendant quelques secondes, vous attendez nerveusement devant la porte fermée. Puis, à votre grande surprise, elle s'ouvre. Mais ce n'est pas Zorag l'alchimiste qui apparaît devant vous. Un puissant Minotaure se dresse dans l'encadrement! Avec le renâclement d'un buffle, il empoigne une hache à deux tranchants et avance pour vous écraser. Vous devrez vous battre contre lui.

Le combat contre le Minotaure

Caractéristiques	
Attaque	**Vie**
12	15
Trésor	
6 pièces d'or	

Arme	Dégât
Hache à deux tranchants	5

Si vous remportez la victoire, vous trouvez 6 pièces d'or dans une petite bourse à sa ceinture. La hache est trop lourde pour vous. Heureusement, vous n'avez pas combattu pour rien : la porte de la Tour de la Lune est désormais ouverte. **Allez au 10** pour entrer.

62

Vous versez un peu de potion rouge et un peu de potion jaune dans le même flacon. Le mélange des deux donne un élixir de couleur argentée qui tourne tout seul dans le sens antihoraire. Vous examinez attentivement le nouveau philtre. Si vous voulez goûter à ce liquide argenté, **allez au 102**.

Si vous voulez ajouter un peu de potion verte, **allez au 53**.

Si vous voulez ajouter un peu de potion bleue, **allez au 18**.

Si vous voulez jeter ceci et recommencer, **retournez au 86**.

63

Vous avancez dans la pièce en essayant de ne pas trébucher sur les épées. Décidément, Zorag a un drôle de concept de la décoration intérieure. Heureusement, aucune créature dangereuse n'habite cette chambre.

Il n'y a qu'une issue à la pièce. Elle se situe en face de vous, dans le mur du fond. Vous vous dépêchez de l'atteindre.

Tout à coup, les lames se mettent à bouger.

Animées par magie, les épées se soulèvent dans les airs. Comme si elles étaient maniées par des mains invisibles, elles commencent à donner des coups de taille et d'estoc. Ces épées fantômes essaient de vous transpercer!

Si vous êtes paladin ou samouraï, **allez au 9**.

Si vous êtes voleur, **allez au 109**.

Dans tous les autres cas, **allez au 14**.

64

À partir du village, la marche jusqu'à la Tour de la Lune dure vingt minutes, au cours desquelles les ronces entravent chacun de vos pas. Par ailleurs, le sentier ne cesse de monter en pente raide. Lorsque vous arrivez devant la vieille tour, vous devrez vous reposer cinq minutes avant de prendre une décision.

La Tour de la Lune est une immense construction; elle pourrait renfermer d'innombrables pièges. Elle a été bâtie il y a plus d'un siècle, mais demeure aussi solide qu'au jour de sa construction. En comptant les meurtrières dans les vieilles parois de pierre, vous estimez qu'elle a sept étages. Zorag pourrait se cacher n'importe où à l'intérieur.

Cette mission ne sera pas aussi facile que prévu.

Le premier obstacle est déjà évident : l'unique porte de la tour est fermée par un lourd battant de chêne.

Si vous êtes voleur et possédez des outils pour crocheter les serrures, vous pouvez les utiliser **en allant au 85**.

Si vous êtes magicien ou oracle et connaissez le sort d'Ouverture des Portes, vous pouvez prononcer la formule **en allant au 24**.

Si vous possédez une arme infligeant 8 points de dégâts ou plus, vous pouvez essayer de défoncer la porte **en allant au 77**.

Si vous voulez simplement frapper à la porte, **allez au 61**.

65

Vous mesurez des parts égales de potion verte et de potion bleue, puis vous les versez dans un flacon vide. Le mélange réagit immédiatement en dégageant une épaisse fumée grise et une puanteur abominable.

Vous vous éloignez le plus vite possible, mais la fumée est tellement dense qu'elle envahit la moitié du laboratoire. Vous toussez et larmoyez sans arrêt. Lancez 1 dé et soustrayez le résultat de vos points de vie.

Lorsque la fumée âcre se dissipe enfin, vous revenez à votre expérience. Il ne reste plus de liquide dans le flacon. Il s'est entièrement évaporé.

Vous décidez de ne pas tenter cette mixture à nouveau.

Retournez au 86 et faites un autre choix.

66

Pour vous faciliter la tâche, vous numéroterez mentalement les portes de 1 à 12. De cette façon, vous pourrez éviter d'ouvrir la même porte plusieurs fois :

N° 1 : **Allez au 94**.
N° 2 : **Allez au 4**.
N° 3 : **Allez au 74**.

N° 4 :   **Allez au 111.**
N° 5 :   **Allez au 37.**
N° 6 :   **Allez au 58.**
N° 7 :   **Allez au 47.**
N° 8 :   **Allez au 84.**
N° 9 :   **Allez au 52.**
N° 10 :   **Allez au 13.**
N° 11 :   **Allez au 25.**
N° 12 :   **Allez au 114.**

Mémorisez le numéro de ce paragraphe (66). Vous aurez à y revenir chaque fois qu'on vous demandera d'ouvrir une autre porte.

67

Vous gravissez les degrés qui mènent au septième étage de la Tour de la Lune. Lancez un «jet de chance».

Si vous réussissez, vous arrivez sans encombre au septième étage. **Allez au 70.**

Si vous échouez, vous rencontrez une créature dans les escaliers. Lancez un dé selon la règle des monstres aléatoires et combattez la créature. **Allez ensuite au 70.**

68

Vous regardez le liquide bleu avec méfiance. Vous avez l'impression que vous allez subir un choc électrique si vous le buvez.

Prudemment, vous remplissez un petit flacon de potion bleue et l'approchez de vos lèvres. Vous ressentez bel et bien des crépitements et des picotements, mais ils ne sont pas assez intenses pour entraîner une vraie sensation de douleur.

Cet élixir bleu est une puissante potion de force. Elle augmentera de 2 points les dégâts que vous infligerez à l'adversaire lors de votre prochain combat.

Vous pouvez remplir une fiole vide de cette potion bleue et la garder pour la boire plus tard — mais sachez qu'il n'y a que cinq fioles vides au total. Lorsque vous boirez le contenu du flacon, vous bénéficierez de 2 points de dégâts additionnels au cours du prochain combat livré.

Retournez maintenant au 8 et faites un autre choix.

69

Vous n'auriez pas dû jouer les alchimistes amateurs. Vous venez de mourir dans l'explosion que vous avez provoquée. Il ne vous reste plus qu'à créer un nouveau personnage afin de recommencer l'aventure au début. Et la prochaine fois, soyez prudent avec les potions magiques inconnues que vous choisirez de fabriquer !

70

Vous entrez prudemment dans la chambre au sommet de la Tour de la Lune. C'est sûrement ici que vit Zorag.

La pièce est meublée d'un gros bureau rempli de livres épais. Tous les murs sont recouverts de hautes bibliothèques chargées de grimoires. Un tapis épais étouffe le bruit de vos pas. Une dizaine de chandelles éclairent les lieux. Au fond de la pièce se dresse un grand miroir.

Chose étrange, la salle n'a aucune issue, hormis l'escalier qui descend au laboratoire. Normalement, vous ne seriez pas surpris, car vous êtes au dernier étage. Ce qui vous étonne, c'est le fait que Zorag ne soit pas ici.

Pourtant, vous avez exploré toute la tour !

— Où l'alchimiste se cache-t-il ?

Si vous voulez fouiller dans son bureau, **allez au 41**. Si vous voulez examiner les livres des bibliothèques, **allez au 83**. Si vous voulez étudier le miroir de plus près, **allez au 32**.

71

Vous avez vaincu Zorag ! Par ailleurs, vous avez porté le dernier coup avec suffisamment d'habileté pour ne pas le tuer. L'alchimiste est maintenant réduit à l'impuissance. Il ne peut plus se battre. Possédez-vous une corde ?

Si oui, vous attachez solidement Zorag pour l'empêcher de s'enfuir. Vous avez réussi votre mission — vous avez capturé l'alchimiste fou. **Allez au 200**.

Sinon, Zorag voit que vous n'avez pas le moyen de l'immobiliser. Il tente une dernière attaque traîtresse dans l'espoir de vous tuer. Vous êtes obligé de vous défendre et vous le frappez de toutes vos forces. **Allez au 120**.

72

Le coffre s'ouvre en crachant de la poussière. Vous toussez, pleurez, et perdez 1 point de vie. Toutefois, c'est le prix à payer pour faire des découvertes intéressantes. Le coffre contient une collection de vieux parchemins, ainsi qu'une potion de vie moyenne. Les parchemins contiennent des sortilèges. Si vous êtes magicien, druide ou oracle, vous pouvez les lire et les apprendre. Ajoutez-en trois — ceux que vous voulez — à la liste de vos pouvoirs magiques. Sinon, ouvrez une autre porte.

« Ouverture des Portes »

Ce sort permet de déverrouiller des portes fermées à clé. Il fonctionne aussi sur toutes sortes de serrures (coffres, armoires, etc.). Utilisation : 3 fois par jour.

« Faiblesse »

Ce sort fait automatiquement perdre 1 point d'attaque à l'adversaire. Utilisation : 1 fois par jour.

« Protection »

Ce sort entoure votre corps d'un bouclier magique qui réduit de 2 points tous les dégâts que vous subissez pendant un combat. Utilisation : 2 fois par jour.

« Lumière »

Ce sort remplace l'utilisation d'une torche ou d'une lanterne par une boule de lumière magique. Utilisation : 3 fois par jour.

« Prédiction »

Ce sort permet de prévoir l'avenir, donc de lire à l'avance un paragraphe de l'aventure — avant de faire un choix. Si les conséquences sont mauvaises, le choix peut être évité. Utilisation : 1 fois aux 5 jours.

« Pétrification »

Ce sort permet de solidifier tout ce qui est mou ou liquide. Par exemple, l'eau se transforme en glace, la boue en terre cuite. Le sortilège n'a aucun effet sur les créatures vivantes — de chair et d'os. Utilisation : 1 fois aux 2 jours.

73

Vous reconnaissez ce cercle magique. C'est un cercle de téléportation. Si vous pénétrez à l'intérieur, vous serez transporté dans un endroit inconnu. Vous pourriez vous retrouver au dernier étage de la tour, mais vous pourriez également vous retrouver dans les égouts de la capitale royale. Par ailleurs, vous savez que les cercles de téléportation ne sont jamais très fiables. Même les bons magiciens essaient généralement de les éviter. Si vous voulez quand même pénétrer dans le cercle, **allez au 87**. Si vous aimez mieux ne pas courir ce risque, quittez la pièce et ouvrez une autre porte.

74

Vous ouvrez la porte — et faites face à un mur de pierre. Il n'y a pas d'issue de l'autre côté. En revanche, l'ouverture de la porte a déclenché un piège. Un trou s'ouvre en dessous de vos pieds et vous passez au travers du plancher !

Le piège vous fait retomber au deuxième étage. La chute vous fait évidemment mal.

Lancez 1 dé et soustrayez le résultat de vos points de vie.

Frustré, vous vous dirigez vers l'escalier pour remonter au troisième étage. Vous savez que le plancher s'enfoncera à nouveau et que les portes seront mélangées. Il faudra tout recommencer !

Allez au 23.

75

Vous posez le pied sur la dalle marquée d'une étoile. Rien ne se passe. Pour le moment, vous ne semblez pas en danger, mais il faut encore que vous marchiez sur d'autres dalles pour franchir toute la région couverte de symboles. Si vous voulez sauter sur une dalle :

❖ marquée d'un soleil : **Allez au 112**.

❖ marquée d'un nuage : **Allez au 42**.

❖ marquée d'une lune : **Allez au 118**.

❖ marquée d'une étoile : **Allez au 15**.

76

Vous versez un peu de potion jaune entre vos lèvres, en essayant de ne pas la renverser. Elle continue à bouger toute seule, même dans votre bouche. Vous l'avalez rapidement et attendez nerveusement que ses effets se fassent sentir.

Graduellement, vous vous sentez envahi par un nouveau courage. Vous avez l'impression d'être capable d'accomplir des miracles. Vous avez bu un élixir de chance, ce qui vous permettra de réussir automatiquement votre prochain «jet de chance».

Vous pouvez verser un peu de cette potion jaune dans une fiole vide afin de la boire plus tard — mais sachez qu'il n'y a que cinq fioles vides au total. Lorsque vous boirez le contenu de la fiole, vous réussirez automatiquement le prochain «jet de chance» qu'on vous demandera.

Retournez maintenant au 8 et faites un autre choix.

77

Vous dégainez votre arme et prenez position devant la porte. Visant le centre du battant, vous commencez à frapper de toutes vos forces. Vous avez le temps de creuser quelques entailles profondes dans le bois, quand, subitement, la porte s'ouvre à la volée — et vous faites face à un puissant Minotaure enragé. Avec le renâclement d'un buffle, il empoigne une hache à deux tranchants et s'avance pour vous écraser. Vous devez vous battre contre lui.

Le combat contre le Minotaure

	Caractéristiques	
	Attaque	Vie
	12	15
	Trésor	
	6 pièces d'or	

Arme	Dégât
Hache à deux tranchants	5

Si vous remportez la victoire, vous trouvez 6 pièces d'or dans une petite bourse à sa ceinture. La hache est trop lourde pour vous. Heureusement, vous n'avez pas combattu pour rien : la porte de la Tour de la Lune est désormais ouverte. **Allez au 10** pour entrer.

78

Vous grimpez les échelons qui mènent sur le toit de la Tour de la Lune. Lancez un «jet de chance».

Si vous réussissez, vous arrivez sans encombre sur le toit. **Allez au 80**.

Si vous échouez, vous rencontrez une créature dans les escaliers. Lancez un dé selon la règle des monstres aléatoires et combattez la créature. **Allez ensuite au 80**.

79

Dix secondes après avoir bu le liquide noir, vous n'arrivez plus à respirer, et après quelques instants, vous perdez conscience. Cette épreuve vous fait perdre 15 points de vie.

Si vous êtes toujours en vie malgré ceci, vous pouvez continuer votre aventure. Sinon, vous gisez mort sur le plancher du laboratoire. Vous n'auriez pas dû jouer à l'alchimiste amateur. Il ne vous reste plus qu'à créer un nouveau personnage afin de recommencer l'aventure au début. Et la prochaine fois, dites-vous qu'une potion qui sent le fumier ne peut jamais être bénéfique pour la santé.

80

L'escalier vous mène à l'air libre, sous les étoiles. La nuit est tombée pendant que vous luttiez contre les pièges et les monstres à l'intérieur de la tour.

Vous avez une vue splendide du paysage, mais vous ne pouvez pas vous attarder à la contempler. Zorag l'alchimiste est ici, debout près d'un télescope et d'un tabouret sur lequel reposent des cartes astronomiques. Il vient de remarquer votre arrivée.

— Qui es-tu ? crache-t-il.

— Mon nom n'a pas d'importance. Zorag l'alchimiste, dit l'alchimiste fou, vous êtes en état d'arrestation au nom du Roi !

L'alchimiste se met à rire. À la lumière de la lune, vous remarquez qu'il n'est guère dangereux. C'est un petit homme à moitié chauve, porteur de lunettes et d'une bar-bichette qui lui donne un air vaguement satanique. Curieusement, vous avez l'impression de reconnaître son visage.

— Personne ne peut arrêter Zorag ! s'exclame-t-il.

Il lève alors les mains et prononce un sortilège. Tout autour de vous, des pierres et des moellons détachés s'assemblent pour former un puissant Golem de Pierre. Vous devrez combattre cette créature magique. Vous ne pouvez pas utiliser de technique vous permettant d'esquiver le combat — comme le Vol Rapide, la Mort Feinte, la Peur Atroce ou l'Invisibilité.

Le Golem est très résistant, mais peu rapide.

Le combat contre le Golem de Pierre

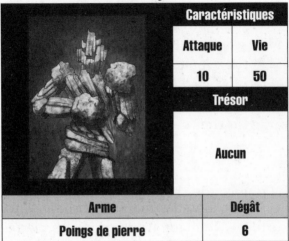

Caractéristiques	
Attaque	**Vie**
10	50
Trésor	
Aucun	

Arme	Dégât
Poings de pierre	6

Vous devez gagner ce combat pour pouvoir affronter Zorag ensuite. Si vous détruisez le Golem, **allez au 96**.

81

Vous mélangez une petite quantité de potion rouge et de potion bleue dans un flacon vide. La mixture produit des bulles et des éclairs, puis se met à tourner rapidement et prend la couleur de l'or liquide. Une chaleur douce se dégage du récipient.

Si vous voulez goûter à ce liquide doré, **allez au 38**.

Si vous voulez ajouter un peu de potion jaune, **allez au 18**.

Si vous voulez ajouter un peu de potion verte, **allez au 27**.

Si vous voulez jeter ceci et recommencer, **retournez au 86**.

82

La plupart des boîtes ne contiennent que des objets sans valeur. Elles contiennent aussi beaucoup de poussière. Vous pouvez cependant garder quelques objets qui pourraient vous être utiles :

- 1 rouleau de corde de vingt mètres
- 1 pièce d'or perdue
- 1 torche (sans briquet à amadou)

Retournez ensuite au 105 et faites un autre choix.

83

Vous avez déjà entendu dire que certains mages dissimulaient des passages secrets derrière leurs bibliothèques, activés par un faux livre rangé parmi les vrais. Vous essayez donc de manipuler tous les bouquins qui vous tombent sous la main.

Malheureusement, vous ne découvrez aucun passage secret. Tous les livres semblent authentiques. C'est tout de même surprenant, car vous ne saviez pas qu'il existait autant de grimoires d'alchimie.

Derrière une rangée de tomes épais, vous découvrez un petit coffret caché. Il vous intrigue, car il possède trois serrures au lieu d'une seule.

Si vous voulez ouvrir le coffret, **allez au 46**. Si vous désirez ouvrir un grimoire d'alchimie et le lire, **allez au 119**. Si vous n'y portez aucun intérêt, vous pouvez examiner le bureau **en allant au 41**, ou le miroir **en allant au 32**.

84

La porte s'ouvre sur une pièce tout à fait ordinaire. Quelques vieux meubles abandonnés accumulent de la poussière. Vous remarquez qu'un coffre en bois est posé sur la tablette inférieure d'une étagère. Si vous voulez ouvrir ce vieux coffre, **allez au 72**. Si vous ne désirez pas le faire, ouvrez une autre porte.

85

Vous vous approchez de la porte et étudiez la serrure. Vous devriez pouvoir l'ouvrir avec vos outils, mais ce sera difficile. Heureusement, vous êtes habitué à ce genre de travail. Lancez un « jet d'habileté ».

Si vous réussissez, vous parvenez à faire bouger la serrure, et la porte s'ouvre. Vous pouvez entrer dans la Tour de la Lune. **Allez au 54**.

Si vous échouez, vos outils se cassent dans la serrure. Vous devez les effacer de votre équipement. Par ailleurs, vous avez fait du bruit. **Allez au 16**.

86

En fouillant dans le laboratoire, vous trouvez plusieurs récipients vides qui n'ont pas encore été utilisés. Vous pourrez fabriquer vos potions expérimentales dans ces flacons. Choisissez quel mélange vous allez faire en consultant le tableau suivant.

	Rouge	Jaune	Vert	Bleu
Rouge	—	Allez au 62	Allez au 106	Allez au 81
Jaune	Allez au 62	—	Allez au 31	Allez au 59
Vert	Allez au 106	Allez au 31	—	Allez au 65
Bleu	Allez au 81	Allez au 59	Allez au 65	—

À tout moment, vous pouvez abandonner vos expériences et chercher l'escalier qui mène au septième étage. **Allez pour cela au 91**. Vous pouvez également goûter aux potions individuelles sans les mélanger — si vous ne l'avez pas encore fait. **Retournez pour cela au 8**.

87

Prudemment, vous entrez dans le cercle magique. Pendant quelques secondes, rien ne se produit. Puis la magie du cercle s'active. Des picotements parcourent tout votre corps, de vos orteils à vos oreilles. Ensuite, vous disparaissez — et réapparaissez à cent kilomètres de là, dans une boutique d'ingrédients alchimiques où Zorag fait souvent ses courses.

Vous voilà dans de beaux draps!

Si vous possédez l'émeraude magique, vous venez de découvrir sa fonction. Grâce à sa magie, vous pourrez revenir à la tour. Avec un grand soupir de soulagement, vous pourrez ouvrir une autre porte au troisième étage.

Si vous ne possédez pas l'émeraude magique, vous êtes coincé dans la boutique, sans moyen magique de revenir. Il faudra que vous refassiez le voyage jusqu'à la Tour de la Lune et que vous recommenciez votre aventure à zéro!

88

Avec prudence, vous insérez votre main dans le trou. Vous fouillez à l'intérieur du socle de la statue, où vous trouvez une petite clé en argent. Si vous voulez la garder, inscrivez cette clé dans la liste de vos possessions. À présent, plus rien ne vous empêche de monter les escaliers. **Allez au 23**.

89

Vous ouvrez prudemment la porte. De l'autre côté s'étend une vaste pièce aux murs recouverts de tapisserie. Il n'y a pas de meubles dans cette pièce, mais le sol est jonché d'épées de toutes sortes : glaives, rapières, sabres, cimeterres, toutes les lames y sont représentées. Vous n'apercevez qu'une seule issue, une porte située au fond de la salle. Si vous voulez entrer dans cette pièce, **allez au 63**. Si vous préférez ouvrir l'autre porte, **allez au 17**.

90

Vous vous bouchez le nez et prenez une gorgée du liquide noir. C'était malheureusement un risque de trop. Sans le vouloir, vous avez créé un poison très puissant. Si vous possédez une potion antipoison, **allez au 6**. Si vous n'en avez pas, **allez au 79**.

91

Au fond du laboratoire s'ouvre une porte unique. De l'autre côté, vous apercevez l'escalier qui monte au dernier étage de la Tour de la Lune. Zorag doit nécessairement se trouver là-haut. Si vous vous sentez prêt à l'affronter, **allez au 67**. Sinon, vous pouvez retourner aux étages inférieurs, ou même revenir à la boutique du village, avant de vous mesurer à l'alchimiste fou.

92

Vous atterrissez sur une dalle marquée d'un soleil. Aucun piège ne se déclenche. Vous avez compris le secret des dalles : il fallait bondir sur chacun des quatre symboles en ordre alphabétique.

Avec satisfaction, vous sautez de l'autre côté de la région dallée. Aussitôt, toutes les dalles marquées de symboles s'enfoncent dans le sol. Des dalles normales viennent les remplacer. En même temps, une petite ouverture s'ouvre dans le socle de la statue.

Si vous voulez glisser la main dans cette ouverture sombre, **allez au 88**. Si vous préférez monter l'escalier, **allez au 23**.

93

Dès que vous entrez dans la petite pièce, vous marchez sur une dalle piégée dissimulée par la poussière. Un déclic se fait entendre et une flèche jaillit du mur. Lancez deux «jets d'habileté».

❖ Si vous les réussissez tous les deux, vous avez les réflexes assez rapides pour éviter la flèche de justesse. Ouf!

❖ Si vous en réussissez un, mais échouez l'autre, la flèche se plante dans votre bras et vous poussez un cri de douleur. Lancez 2 dés et soustrayez le résultat de vos points de vie.

❖ Si vous les échouez tous les deux, la flèche se plante dans votre cœur. Vous venez de mourir! Il ne vous reste plus qu'à recommencer l'aventure à zéro.

Si vous avez survécu au piège, vous découvrez l'origine du reflet. Il s'agit d'une petite clé d'or qui repose dans la poussière. Vous pouvez la garder si vous le désirez. Sortez ensuite de cette pièce poussiéreuse et ouvrez une autre porte.

94

Lorsque vous ouvrez la porte, un jet de feu surgit de l'autre côté et vous frappe de plein fouet. Vous demeurez bêtement figé dans l'encadrement de la porte, sourcils brûlés, cheveux roussis. Lancez 1 dé et retranchez le chiffre obtenu de vos points de vie. Curieusement, il n'y a rien de l'autre côté de la porte. Vous n'apercevez qu'une petite salle vide. Avec frustration, vous claquez la porte. Ouvrez-en maintenant une autre.

95

Vous ajoutez la nouvelle potion à la mixture. Vous avez maintenant une combinaison des potions bleue, jaune et verte. Sous vos yeux, le mélange change de couleur et devient noir comme de l'encre. Une odeur de fumier s'en dégage aussitôt. Vous reculez avec une grimace de dégoût. Quelle infâme mixture avez-vous créée ? Et surtout, êtes-vous assez brave — ou assez fou — pour y goûter ? Si vous êtes prêt à en boire, **allez au 90**.

Si vous voulez ajouter la potion rouge, **allez au 43**.

Si vous voulez jeter ceci et recommencer, **allez au 86**.

96

Vous avez vaincu le Golem. Avec une grimace de colère, l'alchimiste plonge la main dans l'une de ses poches et s'empare d'une fiole de potion.

— Tu crois pouvoir t'emparer de moi ? persifle-t-il.

Zorag avale la potion d'une seule lampée et jette la fiole vide. À ce moment, son corps commence à se transformer. Ses pieds deviennent des sabots de bouc, une queue fourchue pousse dans son dos, et des cornes de taureau jaillissent de son front. Vous comprenez alors pourquoi son visage vous était familier. Il ressemble au magicien que vous avez combattu sur l'île du Dédale.

— C'est toi qui as tué mon frère Gazor sur l'île? demande Zorag. Je vais te réduire en purée! Prépare-toi à mourir!

Si vous connaissez le sortilège de Ligature et pouvez le jeter sur Zorag, **allez au 99**. Si vous ne connaissez pas ce sort, ou si vous l'avez déjà utilisé, **allez au 29**.

97

Vous vous emparez de la lourde hache à deux lames. Au prix d'un grand effort, vous la soulevez dans les airs. Vous abattez ensuite le plat de la hache sur la tête cornue du Minotaure. La masse de la hache est suffisante pour l'assommer d'un seul coup. Avec un grognement de douleur, il tombe de sa chaise et s'écroule par terre.

À la ceinture, le Minotaure porte une petite bourse. Celle-ci contient 6 pièces d'or. Vous pouvez les ajouter à votre pécule.

Vous fouillez dans les vieilles boîtes qui traînent dans la pièce, jusqu'à ce que vous trouviez un rouleau de corde. Vous attachez les bras et les jambes du Minotaure, puis vous traînez son corps dans un placard. De cette façon, même s'il se réveille, il restera prisonnier pendant quelques heures.

Maintenant que vous n'êtes plus en danger, **allez au 10**.

98

Vous savez qu'il sera beaucoup trop difficile de vaincre le Golem de Boue. Vous tentez donc d'éviter le combat en courant vers l'escalier. Pour cela, vous devez contourner le bassin le plus vite possible.

Même si vous êtes agile, ce sera difficile, car le Golem essaiera sans cesse de vous frapper de ses poings géants.

Lancez d'abord un dé. Le chiffre obtenu représente le nombre d'attaques du Golem que vous devrez éviter. Si vous êtes un ninja, ou un druide transformé en panthère ou en tigre, soustrayez 1 point au dé.

Ensuite, pour chaque attaque, lancez un «jet d'habileté».

Si vous réussissez, vous évitez les poings du Golem, qui frappent le sol. Vous n'êtes pas blessé, mais vous êtes aspergé de boue.

Si vous échouez, vous recevrez un coup puissant et vous tombez par terre. Vous perdez 4 points de vie. Si vous êtes encore en vie, vous pouvez vous relever et continuer à courir.

Si vous survivez à toutes les attaques du Golem, vous atteignez l'escalier. Vous devrez monter immédiatement avant que le Golem ne vous attaque à nouveau.

Vous n'avez pas vaincu le Golem. Si vous repassez dans cette salle, il sera encore dangereux. Si vous redescendez au quatrième étage, il faudra que vous le combattiez ou que vous évitiez encore ses poings selon les règles expliquées ci-dessus.

Allez au 45.

99

Vous prononcez le sortilège de Ligature. Des dizaines de cordes lumineuses apparaissent et s'enroulent autour de Zorag. Malgré sa transformation, il ne peut plus se défaire du piège. Vous l'entendez hurler de fureur, réduit à l'impuissance par votre magie. Vous avez réussi votre mission.

Vous avez capturé l'alchimiste fou! **Allez au 200**.

100

Au-delà de cette porte s'étend une petite pièce sale. Une marmite est posée sur le sol au milieu de la salle. Les copeaux de bois brûlé et les cendres qui recouvrent le plancher vous laissent croire que c'est ici que le Minotaure faisait cuire sa nourriture. D'ailleurs, il reste un bouillon inconnu dans le chaudron. Vous remarquez que des morceaux de viande flottent dans le ragoût, mais l'odeur n'est guère alléchante. Si vous désirez quand même manger cette nourriture, **allez au 39**. Si vous aimez mieux ne pas y toucher, **revenez au 105** et faites un autre choix.

101

Vous portez le flacon de potion mauve à vos lèvres et en prenez une gorgée. Vous attendez ensuite de ressentir les effets inconnus de l'élixir.

Graduellement, vos mains se mettent à trembler.

Vous essayez de réprimer les frémissements, mais ils ne font qu'empirer. Vous avez créé une potion néfaste qui donne des tremblements incontrôlables. Son effet disparaîtra dans un ou deux jours, mais, jusqu'à la fin de cette aventure, vous serez pénalisé de 1 point d'attaque dans tous les combats, car vous aurez de la difficulté à tenir votre arme.

Vous n'auriez peut-être pas dû tenter cette expérience.

Retournez maintenant au 86 et faites un autre choix.

102

Au moyen d'une cuillère en or, vous prélevez une petite quantité de potion argentée et la versez dans votre bouche. Le goût est celui d'un médicament pour le rhume. Avec une grimace de dégoût, vous avalez la préparation.

Malgré son goût désagréable, ce « remède » que vous avez créé est très puissant. Il vous donne de nouvelles forces. Vous gagnez 1 point de vie en permanence.

Vous pouvez donc augmenter de 1 point votre total maximum de points de vie.

Vous pouvez remplir une fiole vide de cette potion argentée et la garder pour la boire plus tard — mais sachez qu'il n'y a que cinq fioles vides au total. Lorsque vous boirez le contenu de la fiole, vous gagnerez 1 point de vie en permanence.

Retournez maintenant au 86 et faites un autre choix.

103

Dès que vous quittez la salle, vous refermez vivement la porte derrière vous. Les pièges de la Tour de la Lune deviennent de plus en plus dangereux. Si ce manège continue encore longtemps, vous n'aurez plus assez de forces pour capturer Zorag l'alchimiste !

Vous êtes entré dans une pièce carrée où le seul meuble est un bureau à tiroirs. Vous fouillez rapidement à l'intérieur. Avec joie, vous découvrez une petite bouteille contenant une potion de vie moyenne. Elle vous rendra 2 dés de points de vie quand vous la boirez. Vous pouvez la boire immédiatement si votre dernier combat vous a affaibli.

Cette fois encore, la pièce n'a qu'une issue. Lorsque vous ouvrez la porte dans le mur en face de vous, vous découvrez l'escalier qui mène à l'étage supérieur de la tour.

Vous vous approchez du but!

Allez au 56.

104

Le tapis est maintenant constellé de morceaux de verre. Le miroir magique a été complètement détruit. De l'autre côté, vous apercevez un escalier! Voilà donc l'endroit où se cachait Zorag : le toit de la tour! Si vous voulez monter tout de suite, **allez au 78**. Si vous n'avez pas fini de fouiller le septième étage, vous pouvez continuer. Pour ce faire, **retournez au 70** et faites un autre choix. **Vous irez au 78** quand vous serez prêt.

105

La salle au premier étage a quatre issues. L'une d'elles, évidemment, est la porte d'entrée de la tour, mais vous ne désirez pas retourner à l'extérieur. Il y a également une porte dans le mur de droite, ouverte, et une autre, dans le mur de gauche, fermée. Enfin, un escalier s'amorce au fond de la salle. Il mène aux étages supérieurs où Zorag a dû installer ses laboratoires.

Qu'allez-vous faire?

Si vous voulez fouiller dans les vieilles boîtes qui traînent partout sur l'étage, **allez au 82**. Si vous souhaitez ouvrir la porte dans le mur de gauche, **allez au 19**. Si vous préférez passer par la porte ouverte dans le mur de droite, **allez au 100**. Si vous voulez monter l'escalier qui mène au deuxième étage, **allez au 12**.

106

Vous mélangez la potion rouge et la potion verte et secouez la mixture. Dans un tourbillon soudain, le liquide devient mauve vif. La potion est devenue si lumineuse qu'elle brillerait sans doute dans le noir. Une odeur d'herbe fraîchement coupée monte du récipient. Si vous voulez goûter à ce liquide mauve, **allez au 101**.

Si vous voulez ajouter un peu de potion jaune, **allez au 53**.

Si vous voulez ajouter un peu de potion bleue, **allez au 27**.

Si vous voulez jeter ceci et recommencer, **retournez au 86**.

107

Le coffret contient de précieuses trouvailles !

- Une potion de vie extrême ;
- 20 pièces d'or ;
- Une bague de vie ;
- Un parchemin portant un sortilège.

La potion de vie extrême vous rendra tous vos points de vie lorsque vous la boirez. La bague de vie augmentera votre maximum de points de vie de 2 points aussi longtemps que vous la porterez — une seule bague de vie peut être portée à la fois. Si vous êtes magicien, oracle, sorcier ou druide, vous pouvez lire le parchemin **en allant au 57**. Sinon, **retournez au 83** et faites un autre choix.

108

Avec le renâclement d'un buffle, le Minotaure empoigne sa hache à deux tranchants et décide de vous écraser. Personne n'entre dans la Tour de la Lune sans permission! Vous devrez vous battre contre lui.

Le combat contre le Minotaure

Caractéristiques	
Attaque	**Vie**
12	15

Trésor
6 pièces d'or

Arme	Dégât
Hache à deux tranchants	5

Si vous remportez la victoire, vous trouverez 6 pièces d'or dans une petite bourse à sa ceinture. La hache est trop lourde pour vous. **Allez ensuite au 10.**

109

Vous avez appris à vous battre en maniant une dague. Il y a cependant une différence entre un poignard et une épée. Vous êtes capable de prévoir les mouvements des épées fantômes et d'esquiver leurs coups, mais votre arme est trop courte pour effectuer des parades efficaces. Vous êtes avantagé et désavantagé en même temps. Pour cette raison, vos points d'attaque ne changeront pas durant ce combat.

Le combat contre les Épées ensorcelées

Caractéristiques	
Attaque	**Vie**
11	20
Trésor	
Aucun	

Arme	Dégât
Épées	5

Si vous remportez le combat, les épées privées de vie retomberont par terre. Vous pourrez alors atteindre l'issue de la pièce sans danger. **Allez au 103**.

110

Grâce à votre éclairage, vous découvrez de nombreuses étagères où sont rangées des fioles. Zorag l'alchimiste semble avoir choisi cette pièce pour ranger son surplus de potions. Si vous désirez en emporter, vous pouvez prendre jusqu'à cinq fioles :

- Une potion de vie légère (rend 1 dé de vie) ;
- Une potion de vie moyenne (rend 2 dés de vie) ;
- Une potion de vie forte (rend 3 dés de vie) ;
- Une potion d'attaque (donne + 1 point d'attaque pour un combat) ;
- Une potion antipoison (élimine l'effet d'un poison) ;
- Une potion de respiration (sert à respirer sous l'eau) ;

- Une potion d'invisibilité (rend invisible et permet de fuir un combat);
- Une potion de chance (garantit la réussite d'un «jet de chance»);
- Une potion d'agilité (garantit la réussite d'un «jet d'habileté»).

Lorsque vous aurez choisi les potions que vous souhaitez emporter, sortez de la pièce et ouvrez une autre porte.

111

De l'autre côté de la porte s'ouvre une petite pièce. Il n'y a qu'un meuble dans celle-ci, une petite table aux pattes inégales. Sur ce meuble est posé un coffre. Si vous voulez ouvrir le coffre, **allez au 55**. Si vous ne voulez pas le faire, ouvrez une autre porte.

112

Dès que vous mettez le pied sur la dalle, elle s'enfonce sous votre poids. Au même moment, la statue au fond du corridor s'anime. Elle se met à courir lourdement vers vous, ses poings de pierre prêts à vous réduire en bouillie. Vous avez marché sur le mauvais symbole!

Le combat contre la Statue

	Caractéristiques	
	Attaque	**Vie**
	10	30
	Trésor	
	Aucun	

Arme	Dégât
Coup de poing	6

Si vous gagnez ce combat, la statue tombe en morceaux qui se répandent partout sur les dalles. Sans vous soucier des symboles, vous courez à travers la zone dallée en marchant sur les morceaux de la statue. Vous avez survécu au piège qui vous guettait à cet étage. Vous pouvez maintenant emprunter l'escalier. **Allez au 23**.

113

Prudemment, vous avalez la potion qui change de couleur. Vous remarquez qu'elle sent la rose et qu'elle a un goût de vin raffiné. Puis, graduellement, son effet magique commence à se faire sentir. Vous avez produit un élixir aux propriétés rares. Si vous êtes magicien, oracle ou druide, **allez au 28**. Si vous n'avez pas de pouvoirs magiques, **allez au 48**.

114

La porte s'ouvre et dévoile une drôle de petite pièce. Elle est complètement vide, exception faite de nombreuses chandelles allumées posées par terre. Un cercle magique a été tracé à la craie blanche sur le plancher. Si vous êtes magicien, oracle, sorcier ou druide, **allez au 73**. Si vous voulez pénétrer dans le cercle magique, **allez au 87**. Si vous préférez ne pas courir ce risque, quittez cette salle et ouvrez une autre porte.

115

Vous avez de la chance. Le marteau que vous utilisez pour vous battre est particulièrement efficace contre ce monstre, car il s'agit d'une arme contondante qui brise facilement les os rassemblés. Pour cette raison, vous bénéficiez de 1 point d'attaque et de 3 points de dégâts supplémentaires durant ce combat.

Le combat contre les Ossements ensorcelés

Caractéristiques	
Attaque	**Vie**
11	24
Trésor	
Aucun	

Arme	Dégât
Os	4

Si vous pulvérisez assez d'os, la créature s'effondrera et se disloquera en ossements séparés. Vous pourrez alors atteindre l'issue de la pièce sans danger. **Allez au 103**.

116

Prudemment, vous avalez la potion qui ressemble à du lait en colère. Vous remarquez qu'elle est très froide et qu'elle goûte les framboises. Puis, graduellement, son effet magique commence à se manifester.

Vous avez créé une puissante potion qui aiguise les réflexes. Après avoir bu ce liquide, vous réussirez automatiquement tous les «jets d'habileté» qui vous seront demandés, et cela, pendant toute une journée.

Vous avez de la chance !

Vous pouvez remplir une fiole vide de cette potion blanche et la garder pour la boire plus tard — mais sachez qu'il n'y a que cinq fioles vides au total. Lorsque vous boirez le contenu de la fiole, vous aurez une habileté égale à 6 points pendant toute la journée suivante, ce qui vous fera réussir tous vos «jets d'habileté».

Retournez maintenant au 86 et faites un autre choix.

117

Vous utilisez une cuillère en or pour extraire un échantillon de la boue qui mijote. Malgré le comportement du liquide, il n'est pas réellement chaud, aussi pouvez-vous le boire sans danger. Vous avalez la substance brune et attendez de découvrir ses effets.

Une sensation désagréable envahit votre visage.

Sous vos yeux, votre nez s'allonge et prend des proportions grotesques. Lorsqu'il est devenu aussi long que vos doigts, il cesse de s'étendre, mais une grosse verrue mauve apparaît à son extrémité. Vous avez maintenant le nez d'une vieille sorcière maléfique.

Malheureusement, cette transformation ne disparaîtra pas toute seule. Il vous faudra l'aide de la magie des elfes pour revenir à votre aspect normal. Lorsque vous serez rentré à la capitale, vous devrez demander à votre amie Nieille de vous recommander un bon mage elfique — et soyez assuré qu'elle se moquera longtemps de vos talents d'alchimiste !

Retournez maintenant au 86 et faites un autre choix.

118

Vous posez le pied sur la dalle marquée d'une lune. Rien ne se passe. Tout semble bien aller. S'il y a un piège dans cette salle, vous l'avez évité jusqu'à présent. Vous avez franchi la moitié de la région dallée. Avec deux autres sauts, vous devriez pouvoir la franchir entièrement. Ferez-vous votre troisième saut sur une dalle :

❖ marquée d'un soleil ? **Allez au 42.**

❖ marquée d'un nuage ? **Allez au 11**.

❖ marquée d'une lune ? **Allez au 15**.

❖ marquée d'une étoile ? **Allez au 112**.

119

Vous ouvrez un grimoire au hasard et lisez les formules alchimiques qu'il contient. Évidemment, vous ne comprenez pas grand-chose. Zorag est peut-être un criminel, mais c'est aussi un génie. Aucun de ses livres ne s'intitule « L'Alchimie pour les Nuls ».

Dans l'espoir de découvrir les secrets de l'alchimiste fou, vous essayez d'ouvrir d'autres livres. Vous devez finalement abandonner lorsque le cinquième tome révèle des pages pleines de visages torturés, dessinés à l'encre rouge, qui hurlent des malédictions interminables à voix haute.

La lecture de ce tome maléfique vous a placé sous de mauvais auspices. Vous échouerez automatiquement votre prochain « jet de chance ».

Retournez maintenant au 83 et faites un autre choix.

120

Zorag est mort. Vous avez fait tous les efforts possibles pour ne pas le tuer, mais finalement, vous n'avez pas eu le choix.

Puisque les agents du Roi n'ont pas le pouvoir d'interroger les morts, vous décidez de ne pas détruire les installations dans la Tour de la Lune. De cette façon, les mages et les alchimistes au service du Roi pourront étudier les expériences de Zorag et comprendre quels étaient ses projets.

Vous redescendez tous les étages, de la bibliothèque jusqu'au niveau où vous avez dû battre un Minotaure. C'est la première fois que vous ne remplissez pas une mission avec un succès total. Il est vrai que l'alchimiste fou ne pourra plus faire le mal, mais rien n'empêchera Deltamo de se trouver un nouvel allié. Il aurait fallu que vous rameniez Zorag vivant. De cette façon, le Roi aurait peut-être pu apprendre les plans diaboliques de Deltamo.

Vous poussez un soupir. Un demi-échec n'empêchera pas le Roi de vous confier d'autres missions plus tard. Toutefois, il faudra que vous fassiez plus d'efforts, ou votre réputation en souffrira !

Vous pouvez vous contenter d'avoir mis fin aux crimes de Zorag l'alchimiste ; ou vous pouvez jouer l'aventure à nouveau et essayer de triompher en capturant Zorag en vie ! Réussirez-vous à ramener l'alchimiste vivant devant le Roi ? C'est à vous de jouer !

Monstres aléatoires

121

Le combat contre un Homme lézard

Caractéristiques	
Attaque	**Vie**
11	14
Trésor	
5 pièces d'or	

Arme	Dégât
Flèche	3

Si vous survivez, vous trouvez sur lui 5 pièces d'or.

122

Le combat contre une Ombre

Caractéristiques	
Attaque	**Vie**
12	12
Trésor	
5 pièces d'or	

Arme	Dégât
Choc électrique	4

Si vous survivez, vous trouvez sur lui 5 pièces d'or.

123

Le combat contre un Spectre

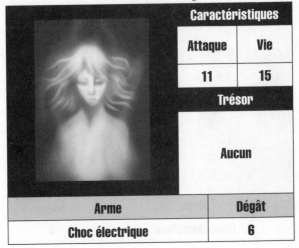

Caractéristiques	
Attaque	**Vie**
11	15
Trésor	
Aucun	

Arme	Dégât
Choc électrique	6

124

Le combat contre un Golem de feu

Caractéristiques	
Attaque	**Vie**
12	25
Trésor	
Aucun	

Arme	Dégât
Feu	5

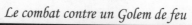

125

Le combat contre le Minotaure

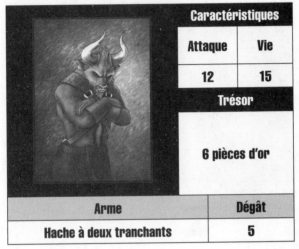

Caractéristiques	
Attaque	**Vie**
12	15
Trésor	
6 pièces d'or	

Arme	Dégât
Hache à deux tranchants	5

126

Le combat contre une Chimère

	Caractéristiques	
	Attaque	**Vie**
	12	30
	Trésor	
	10 pièces d'or	

Arme	Dégât
Têtes	4

Si vous survivez, vous trouvez sur lui 10 pièces d'or.

La fin
de la quête

200

Maintenant que Zorag est en votre pouvoir, vous redescendez les étages de la Tour de la Lune, traînant l'alchimiste furieux derrière vous. Finalement, vous décidez de ne pas détruire toutes les installations qui demeurent cachées dans la Tour de la Lune. De cette façon, si Zorag refuse de coopérer avec les autorités, les mages et les alchimistes du Roi pourront étudier les expériences de Zorag et comprendre quels étaient ses projets.

À de nombreuses reprises, Zorag essaie de vous convaincre de le relâcher. Il vous promet richesses et pouvoir si vous devenez son allié. Lorsque vous refusez, il vous fait des menaces. Cela ne suffit pas à vous intimider. Votre mission est claire : vous devez le remettre aux agents du Roi.

Vous sortez de la Tour de la Lune et retournez au village de Serbel. Les villageois applaudissent lorsqu'ils voient Zorag attaché.

Trois hommes à cheval galopent vers vous. Deux d'entre eux sont des chevaliers vêtus d'armures rutilantes. Le troisième est un homme vêtu de noir, porteur de lunettes circulaires et d'un chapeau rond. Vous l'avez déjà vu à la cour royale. C'est l'un des maîtres-espions du Roi.

L'espion descend de cheval et s'approche de vous.

— Nous sommes venus constater la réussite de votre mission, dit-il. Nous sommes chargés de transporter Zorag l'alchimiste à la capitale.

Vous remettez Zorag entre les mains des deux chevaliers. Désormais, l'alchimiste n'a plus la moindre chance de s'échapper.

L'espion s'incline devant vous :

— Au nom du Roi, je suis chargé de vous remettre la récompense offerte pour la capture de Zorag l'alchimiste.

L'homme vous confie une bourse contenant 50 pièces d'or. Elle tombe à point, car, après votre conquête de la Tour de la Lune, vous avez besoin de vacances !

Félicitations ! Une fois de plus, vous avez accompli une mission avec succès. Votre réputation sera bientôt connue dans tout le pays.

Profitez bien de ce repos mérité, car un nouveau défi vous attendra dans le tome 6 de la série *À vous de jouer !*

Le mot
de la fin

MERCI, chers aventuriers, en espérant que nous avons su vous divertir quelques heures.

N'oubliez pas qu'en changeant de personnage et de choix, vous pouvez refaire le jeu autant de fois que vous le souhaitez.

Comme nous l'avons mentionné au début, vous pouvez également jouer avec un camarade. Dans ce cas, vous n'avez qu'à doubler le nombre de monstres rencontrés, en respectant bien la règle qui dit qu'un monstre ne doit affronter qu'une seule personne à la fois.

Nous vous invitons à nous faire part de vos commentaires concernant les livres de cette collection. Nous sommes toujours à la recherche de nouvelles idées.

Il ne nous reste donc qu'à vous souhaiter d'autres bons moments fantastiques et à vous donner rendez-vous au prochain tome...

Les fiches de personnages

Voici les personnages suggérés dans ce livre. Cependant, vous pouvez aussi en utiliser un que vous possédez déjà, ou encore opter pour l'un de ceux présentés sur le site Web :

www. LivresAvousDeJouer.com

À vous de jouer !

guerrier/Guerrière

Nom		Différence entre mes points d'attaque et ceux de mon adversaire										
		Désavantage						**Avantage**				
		5	4	3	2	1	0	1	2	3	4	5
Âge	1	0	0	0	0	0	0	0	0	0+1	0+1	0+1
	2	X	X	0	0	0	0	0	0	0	0	0+1
	3	X	X	X	X	0-1	0	0	0	0	0	0
Autres	4	X	X	X	X	X	X	X-1	0	0	0	0
	5	X+1	X	X	X	X	X	X	X	X	0	0
	6	X+1	X+1	X+1	X	X	X	X	X	X	X	X

Lancer 1 dé (6 faces)

Caractéristiques

Attaque	Vie	Chance	Habileté
12 (13)	40	3	2

Or : 35 — Équipements

Nom	Explication	Autre détail
Torche	Torche et équipement d'allumage	
Potions de vie moyennes (3)	Donne 2 dés de points de vie	Valeur de revente (3 pièces d'or)
Bague d'attaque +1	Ajout permanent de 1 point d'attaque	Valeur de revente (12 pièces d'or)

Armes/magies

Nom	Explication	Dégât/magie	Utilisation
Marteau de guerre rubis	Cette arme aux couleurs rouge rubis est magique.	6 points	

Ninja

Nom		Différence entre mes points d'attaque et ceux de mon adversaire											
			Désavantage						Avantage				
			5	4	3	2	1	0	1	2	3	4	5
Âge		1	0	0	0	0	0	0	0	0	0+1	0+1	0+1
		2	X	X	0	0	0	0	0	0	0	0	0+1
		3	X	X	X	X	0-1	0	0	0	0	0	0
Autres		4	X	X	X	X	X	X	X-1	0	0	0	0
		5	X+1	X	X	X	X	X	X	X	X	0	0
		6	X+1	X+1	X+1	X	X	X	X	X	X	X	X

Lancer 1 dé (6 faces)

Caractéristiques

Attaque	Vie	Chance	Habileté
13 (14)	32	4	5

Or : 35

Équipements

Nom	Explication	Autre détail
Torche	Torche et équipement d'allumage	
Potions de vie moyennes (3)	Donne 2 dés de points de vie	Valeur de revente (3 pièces d'or)
Bague d'attaque +1	Ajout permanent de 1 point d'attaque	Valeur de revente (12 pièces d'or)

Armes/magies

Nom	Explication	Dégât/magie	Utilisation
Shuriken	Ce sont des shurikens magiques de couleur rouge rubis. Les shurikens sont vendus en paquet de 12.	3 points	
Mort subite	Cette faculté permet au ninja de simuler la mort. Elle lui permettra de se sortir d'un combat.		1 fois/jour

À vous de jouer !

oracle

Nom			Différence entre mes points d'attaque et ceux de mon adversaire										
			Désavantage						Avantage				
			5	4	3	2	1	0	1	2	3	4	5
Âge		1	0	0	0	0	0	0	0	0	0+1	0+1	0+1
		2	X	X	0	0	0	0	0	0	0	0	0+1
	Lancer 1 dé (6 faces)	3	X	X	X	X	0-1	0	0	0	0	0	0
Autres		4	X	X	X	X	X	X	X-1	0	0	0	0
		5	X+1	X	X	X	X	X	X	X	X	0	0
		6	X+1	X+1	X+1	X	X	X	X	X	X	X	X

Caractéristiques

Attaque	Vie	Chance	Habileté
11 (12)	31	4	3

Équipements

Or : 35

Nom	Explication	Autre détail
Torche	Torche et équipement d'allumage	
Potions de vie moyennes (3)	Donne 2 dés de points de vie	Valeur de revente (3 pièces d'or)
Bague d'attaque +1	Ajout permanent de 1 point d'attaque	Valeur de revente (12 pièces d'or)

Armes/magies

Nom	Explication	Dégât/magie	Utilisation
Sceptre rubis	Ce sceptre de couleur rouge rubis est magique.	5 points	
Mal de tête	Faculté qui permet à l'oracle de produire un mal de tête atroce à la créature.	6 dés	2 fois/jour
Lire les pensée	Faculté qui permet de lire dans la tête de la créature. L'oracle effectue un jet d'habilité et si elle réussit, elle peut visualiser le futur. Ce qui lui permet d'aller voir un paragraphe plus loin.		1 fois/jour
Invisibilité (magie)	Magie qui permet au lanceur de se rendre invisible pendant 30 secondes, le temps nécessaire d'abandonner le combat.	1 attaque	1 fois/jour

ANNEXE B

La boutique

Voici la boutique du livre, mais vous pouvez toujours utiliser la grande boutique sur le site Web.

Boutique – Articles		
Nom	**Explication**	**Or**
Corde	Corde de 30 mètres	2
Pelle	Pelle ordinaire	2
Épée longue	Utilisée par les paladins et les guerriers Points de dégâts : 5	5
Marteau de guerre	Utilisée par les guerriers	5
Shurikens	Utilisés par les ninjas Paquet de 12 Points de dégâts : 4	3
Sceptre	Utilisé par les magiciens Points de dégâts : 3	4
Potion de vie légère	Utilisée par toutes les classes Récupération (1 dé de points de vie)	4
Potion de vie moyenne	Utilisée par toutes les classes Récupération (2 dés de points de vie)	8
Potion pour respirer sous l'eau	Utilisée par toutes les classes Utilisation : 1 fois Durée : 5 minutes	15

Boutique – Articles rares		
Nom	**Explication**	**Or**
Potion antipoison	Utilisée par toutes les classes Utilisation : 1 fois	5
Potion de vie forte	Utilisée par toutes les classes Récupération (3 dés de points de vie)	15
Potion de vie extrême	Utilisée par toutes les classes Récupération de tous les points de vie	30
Outils de voleur	Utilisés par les voleurs Ces outils servent à crocheter les serrures de portes et de coffres	10
Marteau topaze	Utilisé par les guerriers Points de dégâts : 7	25
Épée topaze	Utilisée par les paladins Points de dégâts : 7	25
Shurikens topaze	Utilisés par les ninjas Paquet de 12 Points de dégâts : 6	20
Sceptre topaze	Utilisé par les oracles, magiciens, druides. Points de dégâts : 6	25
Bague d'attaque +2	Ajout permanent de 1 point d'attaque	130

Boutique – Articles rares		
Nom	**Explication**	**Or**
Bague de vie +1	Ajout permanent de 1 point de vie	15
Bague d'invisibilité	Utilisée par toutes les classes Utilisation : 1 fois par jour	40
Parchemin pour sortilège « Ouverture des Portes »	Utilisé par les magiciens, les oracles et les autres classes douées de magie Ce sort ouvre magiquement une serrure Utilisation : 3 fois par jour	15

Aussi disponibles

TOME 1

TOME 2

TOME 3

TOME 4

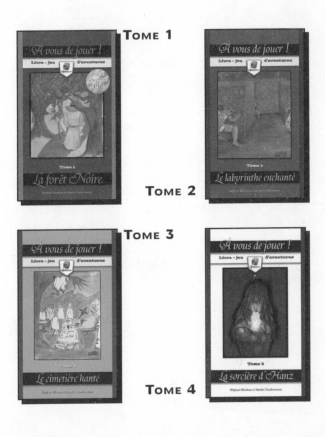

BIBLIOTHÈQUE
ECOLE ST. VICTOR
ALFRED, ONTARIO

Pour obtenir une copie de notre catalogue :

Éditions AdA Inc.
1385, boul. Lionel-Boulet, Varennes, Québec, J3X 1P7
Télécopieur : (450) 929-0220
info@ada-inc.com
www.ada-inc.com

Pour l'Europe :

France : D.G. Diffusion Tél.: 05.61.00.09.99
Belgique : D.G. Diffusion Tél.: 05.61.00.09.99
Suisse : Transat Tél.: 23.42.77.40

AdA
AdA
Jeunesse